la cuisine italienne *facile*

ANTONIO CARLUCCIO

la cuisine italienne *facile*

Photographies
D'ALASTAIR HENDY

ÉDITIONS
FRANCE
LOISIRS

À Annabel et Wolfgang, pour leur précieux soutien.

Alhambra House
27-31 Charing Cross Road
London WC2H 0LS
www.quadrille.co.uk

Directrice éditoriale Jane O'Shea
Directrice artistique Helen Lewis
Responsable éditorial Simon Davis
Graphiste Claire Peters
Photographe Alastair Hendy
Éditrice Susan Fleming
Styliste Rebecca Hetherston
Directeur de fabrication Vincent Smith
Suivi de fabrication Marina Asenjo

Éditions France Loisirs,
123, boulevard de Grenelle
75015 Paris
www.franceloisirs.com

Traduction : Christine Mignot
Adaptation : Else

ISBN : 978-2-298-02760-0
N° édition : 56546
Dépôt légal : janvier 2010

Achevé d'imprimer en Italie
par N.I.I.A.G., janvier 2010

Ma carrière culinaire a commencé il y a une cinquantaine d'années, alors que j'étais étudiant à Vienne. Avec un budget très serré et en cuisinant pour mes amis, j'ai vite appris à remplir un garde-manger au quotidien, à acheter judicieusement des produits frais, peu coûteux et sains, et à les cuisiner simplement. Toutes mes idées sont le fruit des années passées à engranger, auprès de ma mère, des informations sur les aliments, les techniques de préparation, les textures et les goûts. Elle cuisinait avec passion pour nourrir notre grande famille et parvenait à la satisfaire avec créativité et tendresse, même pendant les années de vaches maigres de l'après-guerre. Elle cultivait des légumes dans le jardin, préparait des pains et des pâtes maison et j'étais chargé de trouver dans la nature tout ce qui poussait à l'état sauvage et pouvait servir à la cuisine, comme les champignons – que je continue à adorer. Rien n'était gaspillé et tous les restes servaient à la cuisine des jours suivants.

C'est pourquoi, après une enfance si merveilleuse, je n'étais pas tout à fait novice dans ma cuisine autrichienne. J'avais déjà appris à préparer des plats savoureux avec un minimum d'ingrédients et je savais qu'il ne fallait pas forcément beaucoup d'argent pour concocter un bon repas. À Vienne, j'ai passé beaucoup de temps sur le splendide *Naschmarkt*, célèbre marché du centre-ville où l'on trouve de tout : de la viande et du poisson frais, des légumes fraîchement cultivés et ramassés, ou encore des fruits de la campagne. Là, j'ai pu perfectionner cet art de faire les courses auquel je m'étais déjà initié à Borgofranco.

Il est intéressant de voir qu'une fois livré à soi-même, on développe un sens de l'autosuffisance et on apprend à équilibrer son temps entre les études ou le travail et les moments de temps libre. En fait, tout en travaillant avec plaisir, j'ai appris à bien cuisiner et découvert que cela m'apportait une certaine satisfaction en dehors du travail. Ces mois passés à Vienne furent très importants pour moi car ils m'aidèrent à forger la base de ce hobby qui deviendrait plus tard mon métier. C'est grâce à eux que je suis ce que je suis aujourd'hui : un cuisinier passionné, pratiquement autodidacte, avec une grande expérience de la cuisine maison.

Bien que j'aie travaillé dans de nombreux restaurants depuis, que ce soit en tant que directeur ou en cuisine, j'ai toujours préféré « observer » plutôt que « diriger » (ce qui, je pense, m'empêchait d'améliorer efficacement mon savoir-faire). Au cours de ma carrière, j'ai eu la chance de rencontrer de nombreux propriétaires de restaurants italiens qui m'ont laissé mettre le nez dans leur cuisine. Ils m'ont souvent invité à déjeuner et m'ont ainsi fait découvrir la fascinante variété de leurs produits régionaux.

Tout ceci m'a appris à être impartial sur la cuisine italienne, donnant la préférence aux plats que j'apprécie particulièrement, quelle que soit leur région d'origine. Riche de tout ce savoir sur la cuisine italienne, j'ai eu envie d'aller plus loin et d'approfondir sur ses origines culturelles et historiques, ce qui m'a amené à écrire plusieurs livres sur le sujet. Tous mes ouvrages reflètent les grands principes fondateurs de la cuisine italienne : simplicité d'une part, qualité des ingrédients d'autre part. C'est là tout ce que vous avez à retenir.

Ce livre est donc un condensé de tous les « secrets » que j'ai appris pendant plus de 50 ans. Nombre des recettes sont des plats italiens traditionnels, d'autres sont des classiques légèrement revus au goût du jour et certaines sont mes propres inventions, mais toutes sont faciles à préparer et savoureuses à déguster. Pour certaines d'entre elles, j'indique comment ajouter une touche d'originalité – avec, par exemple, une saveur ou un ingrédient supplémentaire – pour d'autres, je précise comment utiliser d'éventuels restes. Tout au long de l'ouvrage, les recettes sont ponctuées de nombreux conseils culinaires, glanés en chemin.

Voici un livre pour tous ceux qui aimeraient savoir cuisiner à l'italienne et qui commencent peut-être tout juste leur propre voyage de découverte culinaire. Je suis convaincu que cuisiner, que ce soit pour soi, sa famille ou ses amis, est l'une des plus grandes compétences humaines. Je vous souhaite une bonne lecture, des recettes réussies et beaucoup de plaisir.

SAVOURER LE GOÛT

Une cuisine peut souvent se définir par une combinaison de saveurs. Le basilic, l'ail et l'huile d'olive pourraient ainsi définir la cuisine italienne, tout comme les graines de coriandre et de cumin caractérisent la cuisine marocaine et le lemongrass et la coriandre fraîche la cuisine thaïlandaise. Mais combiner les saveurs est un art et il est nécessaire de s'y initier. Dans la cuisine italienne, elles sont basiques et peu nombreuses. Puisque la cuisine est simple, utilisez aussi des saveurs simples !

SEL

Le sel est probablement l'exhausteur de goût le plus utilisé en cuisine et on en trouve dans presque tous les garde-manger. Le sel italien est essentiellement produit à Trapani, en Sicile, et dans certaines parties de la Sardaigne, par l'évaporation de l'eau de mer. Dans ma cuisine, j'utilise du gros sel de mer.

POIVRE

Les grains de poivre – noir, blanc et vert – sont le fruit d'une plante grimpante qui pousse en Inde, au Pakistan et en Indonésie. Le poivre noir et le poivre blanc sont largement utilisés dans la cuisine italienne : dans des bouillons, en assaisonnement, dans les salamis et sur les jambons. En matière de poivre, le plus important est d'acheter de bons grains et de les moudre au fur et à mesure des besoins. Comme toutes les épices, le poivre perd sa chaleur et sa saveur essentielle s'il est moulu trop à l'avance.

HERBES

Les herbes sont très appréciées dans la cuisine italienne. Le basilic est la plus utilisée (bien qu'elle soit originaire d'Inde) et son goût sucré se marie bien avec les salades, les sauces (tomate et pesto) et les pizzas. La sauge, le persil, le thym, la menthe, la marjolaine et l'origan sont également importantes. N'oubliez pas que la saveur de certaines de ces herbes peut être intense, elles doivent donc être utilisées avec précaution. « Plus c'est simple, meilleur c'est ! », telle est ma devise !

ÉPICES

Les épices jouent un rôle moins important que les herbes dans la cuisine italienne, peut-être parce qu'elles ne sont pas cultivées sur place. Il existe malgré tout des exceptions. Le piment est ainsi une épice populaire, en particulier dans le sud où il pousse facilement au soleil. C'est l'un des ingrédients essentiels de nombreux plats italiens célèbres, comme les pâtes à la sauce *arrabbiata*. Les câpres, bourgeons d'une plante du pays, sont également très utilisées. Elles sont conservées dans le vinaigre, la saumure ou le sel. Personnellement, je les préfère salées mais il faut alors les faire tremper dans l'eau et bien les égoutter avant de les cuisiner.

HUILE D'OLIVE

Que feraient donc les Italiens sans leur huile d'olive ? Je préfère largement un plat cuisiné à l'huile d'olive qu'au beurre ; non seulement il a meilleur goût, mais il est aussi plus sain. Meilleure est l'huile, plus savoureux sera le plat. Cependant, je vous conseille de réserver l'huile d'olive vierge extra aux vinaigrettes et aux plats arrosés juste avant le service – elle est en général beaucoup trop bonne pour être utilisée en cuisson. Préférez pour cela une huile d'olive ordinaire (mais de bonne qualité quand même).

VINAIGRES

Le vinaigre est également très apprécié dans la cuisine italienne. J'adore les vinaigres balsamiques, mais inutile d'acheter les plus anciens, les plus forts et les plus chers – un vinaigre balsamique moyen peut tout à fait convenir. Utilisez-le en vinaigrette, en marinade ou pour badigeonner les aliments à griller. Les vinaigres de vin, rouge et blanc, souvent agrémentés d'herbes, sont également appréciés. Dans la cuisine italienne, les vinaigres servent aussi à conserver les légumes (artichauts, poivrons, asperges, tomates, etc.), afin de rehausser le goût des *antipasti* italiens classiques.

LE GARDE-MANGER ITALIEN

Si vous vous trouvez à Rome, Florence, Venise ou Turin, suivez donc une ménagère italienne pendant ses courses. Elle se rend au marché local tous les jours : c'est l'une des plus grandes expertes au monde en achat de nourriture. Vous apprendrez ainsi que seuls les meilleurs ingrédients donnent les meilleurs mets, et qu'avec un peu d'expérience, un coup d'œil et un léger effleurement suffisent à évaluer la qualité d'un produit.

Les hommes italiens ne s'impliquent généralement pas beaucoup dans la cuisine, ne possédant pas « l'acuité » de leurs femmes pour les courses. Personnellement, j'ai participé assez vite aux courses, car il était important pour ma mère que ses enfants – et nous étions six – sachent se débrouiller le plus tôt possible. Une des leçons que j'ai très vite apprise est que pour acheter de bons produits, il faut posséder quelques connaissances. Une fois, ma mère m'envoya chez le boucher du village acheter de la viande pour préparer un ragoût : je revins avec de la viande tranchée et emballée sous-vide. Ma mère, furieuse, me renvoya jusqu'au magasin et je dus convaincre le boucher de m'échanger ces tranches contre un beau morceau de viande…

Mes études à Vienne, là où j'appris à cuisiner correctement, furent les plus importantes de ma vie et les « règles » découvertes alors ne m'ont pas quitté depuis. Mon garde-manger contenait les produits essentiels et quelques petits extras « raffinés » (voir ci-contre), mais j'achetais en plus tous les jours des fruits et des légumes frais. C'est là aussi que j'ai découvert qu'il suffisait de quelques œufs et de pommes de terre pour improviser un repas. Gardez en tête d'en avoir toujours sous la main, vous ne mourrez jamais de faim ! Je cuisinais beaucoup de pommes de terre et de haricots secs ou en conserve, très pratiques pour préparer des *pasta e patate* ou des *pasta e fagioli* (pâtes et pommes de terre ou pâtes et haricots). La viande était un plaisir occasionnel et son utilisation, tout comme celle du fromage, dépendait de mon budget (assez serré à l'époque). J'adorais préparer des soupes et des *minestrone* – et c'est toujours le cas aujourd'hui – en utilisant des restes de repas précédents.

Aujourd'hui, le garde-manger italien « type » n'a pas besoin d'être beaucoup plus sophistiqué que mon garde-manger de l'époque et il est toujours préférable de sortir acheter des produits frais au moment où on en a besoin.

Recherchez toujours la meilleure qualité possible. Remplissez votre garde-manger de tous les ingrédients dont vous pouvez avoir besoin pour préparer les plats que vous aimez. Pour qu'il reste fonctionnel au fil des jours, n'oubliez pas de le réapprovisionner au fur et à mesure et vérifiez régulièrement les dates de péremption de vos produits.

LES BASES DE MON GARDE-MANGER ITALIEN

Sel et poivre noir du moulin
Sucre
Bonne huile d'olive (ordinaire pour cuire, extra vierge pour déguster crue)
Vinaigre de vin
Oignons
Ail
Chapelure
Pancetta (ou fines tranches de lard)
1 boîte de haricots en saumure
Piment (frais ou séché)
Quelques œufs fermiers de taille moyenne
Pommes de terre
1 paquet de riz pour risotto
2 paquets de pâtes (*linguine* et *penne*)
1 boîte de tomates pelées en morceaux
Cubes de bouillon de poulet (si si !)

PETITS EXTRAS « RAFFINÉS »

Parmesan
Porcini séchés (cèpes)
Speck (équivalent du lard mais séché et fumé)
Huile de truffe
Vinaigre balsamique
Anchois à l'huile
Thon à l'huile

LES USTENSILES DE CUISINE

Tous les bons cuisiniers savent qu'il existe d'innombrables accessoires et gadgets pour satisfaire tous les besoins. Il peut arriver qu'un ustensile soit si spécialisé qu'il n'ait qu'une seule et unique fonction. Je me rappelle avoir vu une fois en Ombrie une femme qui préparait des truffes noires avec un petit couteau qui attira immédiatement mon attention. Il était si petit et si tranchant qu'il permettait à ses mains expertes de n'ôter qu'une toute petite peau très fine du précieux tubercule ; ainsi, rien n'était perdu. Ce couteau était fait pour elle.

Pour concocter de bons petits plats, vous n'avez toutefois pas besoin de matériel sophistiqué. Essayez plutôt de vous procurer quelques ustensiles de base faciles à trouver et qui vous seront fort utiles au quotidien.

COUTEAUX

J'ai acheté mon couteau à pain à Vienne il y a 50 ans. Il est en acier de bonne qualité et peut couper des « montagnes » de pain. Si vous n'achetez qu'un seul couteau au début, choisissez-le de bonne qualité et de taille moyenne – suffisamment large pour couper du persil et d'autres herbes. Une petite lame vous sera aussi utile pour nettoyer les légumes et exécuter de nombreuses autres tâches. Gardez en tête que plus les couteaux sont tranchants, meilleure est la coupe. L'aiguisoir est ainsi un autre outil indispensable dans une cuisine.

PLANCHE À DÉCOUPER

Voici un autre accessoire essentiel lorsque vous cuisinez. Choisissez-en une d'au moins 25 x 20 cm, voire plus grande.

CASSEROLES ET POÊLES

Il vous faut au moins trois casseroles et poêles pour cuisiner. Vous aurez besoin d'une poêle de taille moyenne, si possible avec un revêtement antiadhésif, pour faire revenir les aliments ; elle peut aussi servir à faire sauter les légumes et préparer les sauces. Il vous faut, par ailleurs, une casserole munie d'un couvercle pour cuire les pâtes ou les soupes, faire mijoter poulet ou légumes. Dans l'idéal, cette casserole sera plus large à la base qu'en haut, afin que l'eau des pâtes garde une température constante et que leur cuisson soit ainsi parfaite. Pour finir, prévoyez une cocotte moyenne pouvant aller au four, très utile également.

Veillez à choisir des casseroles et des poêles adaptées à la source de chaleur que vous avez l'habitude d'utiliser pour cuisiner. Si le gaz tolère la plupart des casseroles, les plaques électriques ou les tables de cuisson en vitrocéramique nécessitent un type de matériel particulier, leur base devant être en contact avec toute la source de chaleur. Sinon, les aliments ne cuiront pas correctement et vous gaspillerez de l'énergie.

AUTRES ACCESSOIRES INDISPENSABLES

Pour moi ce serait une passoire pour égoutter les pâtes et les aliments cuits dans l'eau, ainsi qu'une râpe pour les légumes et le fromage. Une pince ou une cuillère à spaghettis, ou au moins une écumoire, est par ailleurs nécessaire, tout comme quelques spatules en bois et une louche. Un mixeur, électrique ou manuel, est utile pour réduire en purée toutes sortes d'ingrédients. Vous aurez aussi besoin de plats de taille moyenne, en porcelaine ou en inox, dans lesquels préparer, par exemple, des légumes et des pâtes farcies. Si vous êtes très ambitieux et que vous envisagez de réaliser des pâtes maison, achetez une planche en bois plus grande que celle conseillée un peu plus haut, ainsi qu'un rouleau à pâtisserie. Si vous souhaitez en préparer de grandes quantités, investissez dans une machine à pâtes.

Tous les accessoires évoqués ci-dessus font généralement partie de la cuisine. Lorsque vous gagnerez en expérience, vous aurez sans doute besoin d'ustensiles supplémentaires. Pour le moment, sachez qu'il est possible de concocter de bons petits plats avec très peu de matériel.

Antipasti e insalate

ENTRÉES ET SALADES

Le mot *antipasto* ne signifie pas, comme beaucoup le croient, « avant les pâtes », mais « avant le repas », *pasto*. J'adore les *antipasti* car ces merveilleux petits plats aiguisent l'appétit (si vous en manquez) et leur diversité stimule les papilles : saveurs salées et épicées, de viande ou de légume, aigres ou sucrées, légumes cuits de mille manières ou salades élaborées, tout se déguste en *antipasti* en Italie. On trouve également très souvent des *antipasti* mélangeant les produits frais et les conserves, que les Italiens apprécient particulièrement : pensez donc aux *porcini* (cèpes) à l'huile, aux *carciofini sott'olio* (minuscules artichauts conservés dans le vinaigre et l'huile), aux olives salées et même aux salamis fumés maison.

Pinzimonio

LÉGUMES CRUS À LA VINAIGRETTE

Si vous prenez place dans une *trattoria* toscane, piémontaise ou romaine, il est possible qu'on vous apporte un bol de crudités (appelé *cazzimperio* à Rome) sans que vous ayez commandé quoi que ce soit. Vous y trouverez des légumes entiers ou en morceaux, différents selon la saison, éventuellement présentés sur de la glace – dans les endroits un peu chics –, accompagnés d'un petit bol de vinaigrette à base d'huile d'olive vierge, de sel, de poivre et de vinaigre balsamique.

POUR 1 PERSONNE • PRÉPARATION : 10 MIN

2 petits oignons blancs, soigneusement nettoyés
2 tiges de céleri tendres
2 fines tranches de bulbe de fenouil
2 pointes d'asperges tendres
1 carotte nouvelle, pelée et coupée en bâtonnets
Tout autre légume de votre choix…

VINAIGRETTE
2 cuill. à soupe environ d'huile d'olive
2 cuill. à soupe de vinaigre balsamique
1 gousse d'ail (facultatif), pelée et tranchée finement
Sel et poivre du moulin

Pour préparer la vinaigrette, réunissez l'huile, le vinaigre et éventuellement l'ail dans un petit bol et ajoutez une bonne pincée de sel et de poivre.

Disposez les légumes sur une assiette, accompagnés du bol de vinaigrette. Pour déguster, mélangez bien la vinaigrette et plongez-y les légumes.

Accompagnez de bon pain. C'est très simple mais vraiment délicieux.

zucchini e fagiolini alla menta

COURGETTES ET HARICOTS VERTS À LA MENTHE

Cette recette est l'une de mes préférées. Elle peut se déguster en *antipasto* ou en garniture de nombreux plats. Les Italiens ont tendance à cuire leurs légumes plus longtemps que d'autres nationalités – et ne les servent jamais presque crus comme on le fait parfois en France. Ils doivent être tout au plus *al dente*, « à la dent ». Pour vérifier la cuisson, enfoncez la pointe d'un couteau tranchant dans le légume : il doit y pénétrer sans résistance, sinon poursuivez un peu la cuisson. Mais tout est bien sûr question de goût…

POUR 4 PERSONNES • PRÉPARATION : 15 MIN • CUISSON : 15 MIN • REPOS : 30 MIN

200 g de haricots verts, épluchés
300 g de petites courgettes, épluchées et coupées
en quatre dans le sens de la longueur
Sel et poivre du moulin
3 gousses d'ail, pelées, coupées en deux
et grossièrement tranchées
1 bouquet de menthe fraîche
6 cuill. à soupe d'huile d'olive vierge extra
1 cuill. à soupe de vinaigre de vin blanc
ou le jus d'½ citron

Dans une grande casserole, faites bouillir de l'eau salée et plongez-y les haricots verts et les courgettes. Laissez cuire jusqu'à ce qu'ils soient *al dente*, soit 15 minutes environ. Égouttez-les et, alors qu'ils sont encore chauds, transférez-les dans un saladier. Ajoutez d'abord l'ail, la menthe et l'huile, salez et poivrez à votre convenance, puis incorporez le vinaigre ou le jus de citron à la préparation.

Laissez reposer à température ambiante, sans couvrir, pendant au moins 30 minutes, afin que les légumes s'imprègnent des saveurs. Plus vous les laissez infuser, plus ils deviendront foncés, tendres et aillés.

Servez avec du bon pain.

RESTES
Tout reste de courgettes ou de haricots verts sera délicieux étalé sur des *crostini* (tranches de pain grillé).

RESTES

S'il vous reste des poivrons, mixez-les pour obtenir une sauce instantanée pour des pâtes ou une sauce froide pour accompagner d'autres *antipasti* comme les *Polpettine di Spinaci* (voir page 24).

Peperoni arrosto

POIVRONS GRILLÉS

Une des meilleures façons de déguster les poivrons, selon moi, est de les faire griller et de les manger en salade. Cuits au barbecue, ils seront encore meilleurs, mais vous pouvez tout à fait les préparer au four. Vous trouverez une recette semblable à celle-ci dans les *trattorias* du centre de l'Italie et jusqu'en Sicile ; c'est une spécialité très méridionale. Ces poivrons sont excellents en *antipasto*, mais peuvent également accompagner des viandes rôties et même du poisson.

POUR 4 PERSONNES • PRÉPARATION : 15 MIN • CUISSON : 30 MIN (BARBECUE) OU 30 À 45 MIN (FOUR)

4 poivrons doux jaunes et rouges

VINAIGRETTE

2 gousses d'ail, pelées et hachées grossièrement

3 cuill. à soupe d'huile d'olive vierge extra

1 cuill. à soupe de persil plat grossièrement ciselé

Sel à votre convenance

Faites griller les poivrons au barbecue, en les retournant fréquemment à l'aide d'une pince, jusqu'à ce que leur peau noircisse et se boursoufle. Cela peut prendre un petit moment selon le feu. Ne vous inquiétez pas s'ils deviennent tout noirs, ils sont meilleurs trop cuits que trop crus – mais évitez quand même de les réduire en cendres !

Vous pouvez aussi faire griller vos poivrons au four à 200 °C (th. 6-7) pendant 30 à 45 minutes.

Une fois les poivrons cuits, transférez-les dans un plat et laissez-les refroidir un peu. Je ne pense pas qu'il soit nécessaire de les mettre dans un sac plastique ou les couvrir, contrairement aux conseils de nombreux chefs cuisiniers. Lorsqu'ils ont suffisamment refroidi pour être manipulés, débarrassez-les de leur peau à la main, puis coupez-les en deux et ôtez les trognons, membranes internes et graines.

Coupez la chair en fines lamelles dans le sens de la longueur et mettez-les dans un plat. Ajoutez les ingrédients de la vinaigrette et mélangez en salant à votre convenance. Vous pouvez déguster ce plat immédiatement ou le laisser refroidir – il est encore meilleur le lendemain, lorsque les saveurs ont eu le temps de se mélanger.

Mozzarella in carrozza

SANDWICH À LA MOZZARELLA GRILLÉE

Ce plat a maintenant été adopté dans toute l'Italie, mais il est originaire de Naples et de la Campanie. Il est surtout proposé dans les bars comme en-cas à l'heure du déjeuner. Il est meilleur lorsqu'il vient tout juste d'être préparé et qu'il est encore croustillant.

POUR 2 PERSONNES • PRÉPARATION : 10 MIN • CUISSON : 10 MIN

4 cuill. à soupe environ de lait
4 tranches épaisses de pain de campagne
2 grandes tranches de mozzarella de bufflonne
Farine ordinaire, pour saupoudrer
Sel
3 œufs moyens, battus
Huile d'olive, pour frire

Versez le lait dans un saladier. Plongez les tranches de pain dans le lait pendant quelques secondes, sans les laisser tremper – elles ne doivent pas être trop imbibées. Égouttez, puis placez une tranche de mozzarella sur deux des tranches de pain. Disposez les deux autres tranches de pain sur la mozzarella pour constituer les sandwichs. Saupoudrez les deux sandwiches de farine salée, puis plongez-les dans les œufs battus et attendez que le mélange soit absorbé des deux côtés.

Versez une quantité suffisante d'huile d'olive dans la poêle pour couvrir généreusement le bas des sandwichs et faites chauffer à feu doux (voir ci-dessous).

Laissez frire dans l'huile d'olive chaude jusqu'à ce qu'ils soient dorés, 5 minutes environ de chaque côté. Servez sans attendre.

TEMPÉRATURES DE FRITURE

Vous pouvez évaluer la température d'une huile, que ce soit dans une poêle ou dans une friteuse, sans utiliser de thermomètre. Faites chauffer l'huile sans atteindre le point de fumée (qui équivaudrait à 180 °C environ). Plongez-y un petit morceau de pain frais ou de l'aliment que vous souhaitez faire frire ; s'il fait de grosses bulles et devient brun doré en 1 minute, cela signifie que la température est assez élevée pour réussir votre friture. Si le pain brunit plus rapidement, l'huile est trop chaude. Soyez très prudent avec l'huile et la friture, à l'origine de trop nombreux accidents dans la cuisine.

Croccantini di cavolfiore e formaggio

BEIGNETS CROQUANTS DE CHOU-FLEUR AU FROMAGE

Ce plat est excellent accompagné d'*arancini di riso* (voir page 104). Mes amis me le réclament toujours lorsqu'ils viennent me rendent visite. Le mélange est très réussi, une variante italienne du gratin de chou-fleur !

POUR 4 À 6 PERSONNES • PRÉPARATION : 15 MIN • CUISSON : 25 À 30 MIN

800 g de chou-fleur, coupé en morceaux
Sel et poivre du moulin
Huile d'olive, pour frire

PÂTE
3 œufs, battus
2 cuill. à soupe de farine ordinaire
150 g de parmesan, cheddar ou gruyère, fraîchement râpé
1 gousse d'ail, pelée et écrasée en purée
½ cuill. à café de noix de muscade fraîchement râpée
Sel et poivre du moulin

Faites cuire les morceaux de chou-fleur dans de l'eau bouillante salée, jusqu'à ce qu'ils soient tendres, soit pendant 15 à 20 minutes. (Un petit conseil pour éviter la forte odeur du chou-fleur : ajoutez donc une goutte de vinaigre à l'eau de cuisson.) Égouttez bien et laissez refroidir.

Avec les mains, émiettez le chou-fleur en petits morceaux de la taille d'une noix et mettez-les dans un saladier. Dans un autre saladier, préparez la pâte en mélangeant les œufs, la farine, le fromage, l'ail et la noix de muscade ; salez et poivrez. Versez sur le chou-fleur et mélangez bien – mais délicatement.

Arrosez généreusement le fond d'une poêle d'huile d'olive et faites chauffer à feu doux, en veillant à ce que l'huile ne devienne pas trop chaude (voir ci-contre). À l'aide d'une grande cuillère, plongez des cuillerées de la préparation dans l'huile chaude et faites frire jusqu'à ce que les beignets soient bien dorés, soit 3 ou 4 minutes de chaque côté. Égouttez sur du papier absorbant et servez chaud ou froid.

VARIANTE PLUS ORIGINALE

Si vous servez ces beignets tout seuls, accompagnez-les donc d'une sauce légèrement épicée. Pour la préparer, écrasez dans un mixeur 4 tomates avec un petit piment, 1 cuillerée à soupe de vinaigre balsamique et 1 cuillerée à soupe de persil ciselé. Si vous osez, vous pouvez également ajouter une gousse d'ail hachée très finement.

Polpettine di spinaci

BOULETTES D'ÉPINARDS

J'ai inventé cette recette il y a environ 25 ans pour un chapitre consacré aux amuse-gueules dans un livre publié par le *Sunday Times*. Depuis, j'ai accommodé ces boulettes de multiples façons ; je crois que les recettes les plus réussies sont les pâtes végétariennes (voir page 72), et les lasagnes végétariennes (voir page 76) où les boulettes sont disposées entre deux couches de pâtes. Ces boulettes sont en tout cas sont très simples à préparer et très agréables à déguster.

POUR 24 PETITES BOULETTES • PRÉPARATION : 15 MIN • CUISSON : 10 À 15 MIN

500 g d'épinards, nettoyés et tiges dures enlevées
Sel et poivre du moulin
2 œufs, battus
1 pincée de noix de muscade fraîchement râpée
1 cuill. à café d'ail réduite en purée très fine
100 g de chapelure
50 g de parmesan, fraîchement râpé
Huile d'olive, pour frire

Lavez les épinards, plongez-les dans une casserole d'eau bouillante salée et blanchissez-les pendant 2 minutes environ, puis égouttez-les. Essorez-les au maximum avec les mains ou en les pressant dans une passoire, puis découpez finement les feuilles.

Transférez les épinards dans un saladier de taille moyenne et ajoutez en remuant les œufs battus, une pincée de sel, du poivre, la noix de muscade, l'ail, la chapelure et le parmesan. Mélangez bien jusqu'à obtention d'une consistance homogène. Si la préparation est trop humide, ajoutez une cuillerée à soupe supplémentaire de chapelure.

Arrosez généreusement le fond d'une poêle d'huile d'olive et faites chauffer à feu doux.

Façonnez la pâte obtenue en petites boulettes de la taille d'une noix. Faites-les frire dans l'huile d'olive chaude, jusqu'à ce qu'elles dorent, soit 4 à 5 minutes de chaque côté. Égouttez sur du papier absorbant et servez chaud ou froid.

CONSEIL POUR LA FRITURE

Que vous fassiez frire des aliments à la poêle ou dans une friteuse, commencez toujours par un « test » sur une petite partie de la préparation afin d'en vérifier les saveurs et l'assaisonnement. S'ils vous conviennent, poursuivez. Sinon, rectifiez et répétez l'opération jusqu'à ce que vous soyez satisfait.

Pomodori secchi al forno

TOMATES SÉCHÉES AU FOUR

Les tomates séchées vendues dans le commerce sont souvent trop salées et sèches, tout le liquide de la tomate ayant été extrait par évaporation au soleil. Les tomates confites, beaucoup moins déshydratées, sont nettement meilleures. À la maison, les tomates séchées sont très faciles à préparer ; vous pouvez tout à fait commencer par une petite quantité comme ici pour voir comment vous vous débrouillez. Utilisez de préférence les tomates allongées *San Marzano* qui ont le meilleur goût, ou bien tout autre type de tomates allongées, qui se prêtent bien à cette recette.

POUR 250 G ENVIRON • PRÉPARATION : 10 MIN • REPOS : 15 MIN • CUISSON : 2 À 3 H

500 g de tomates allongées très mûres,
coupées en deux dans le sens de la longueur
1 pincée de sel
1 cuill. à soupe d'origan séché
Huile d'olive, au besoin

Préchauffez le four à feu très doux, 50 °C environ (th. 1).

À l'aide d'une petite cuillère, épépinez les tomates coupées en deux et débarrassez-vous des pépins. Placez les tomates sur une grille, côté coupé vers le bas, et laissez-les reposer pendant 15 minutes environ, afin qu'elles perdent un peu de leur eau.

Alignez les moitiés de tomate sur une plaque à pâtisserie, côté coupé vers le haut, et saupoudrez-les d'une pincée de sel. Enfournez et laissez cuire pendant 2 à 3 heures, jusqu'à ce que les tomates semblent rétrécir. Elles doivent perdre la plupart de leur eau mais demeurer molles.

Sortez du four et laissez refroidir. Arrosez chaque tomate de quelques gouttes d'huile d'olive et d'un peu d'origan et placez-les dans un bol ou un bocal. Gardez au réfrigérateur et dégustez sous une semaine.

POUR LES CONSERVER PLUS LONGTEMPS

Pour que vos tomates se gardent un peu plus longtemps, placez-les dans un bocal muni d'un couvercle, recouvrez-les d'huile et gardez-les au réfrigérateur. Assurez-vous toutefois que l'eau se soit d'abord évaporée et ajoutez 50 g de sel.

Frittelle di pomodori secchi

BEIGNETS DE TOMATES SÉCHÉES

Pour cet amuse-gueule extrêmement savoureux, vous pouvez utiliser les tomates séchées de la recette précédente ou des tomates séchées préalablement trempées dans l'eau et dessalées. Vous pouvez servir ces beignets à l'apéritif, avec des beignets de chou-fleur, des boulettes d'épinards et une sauce au pesto (voir pages 23, 24 et 68). Veillez simplement à ne pas oublier les serviettes en papier !

POUR 4 PERSONNES • PRÉPARATION : 10 MIN • CUISSON : 6 MIN ENVIRON

Huile d'olive, pour frire
16 tomates séchées reconstituées ou séchées au four (voir page ci-contre)

PÂTE
1 œuf, battu
2 cuill. à soupe de farine ordinaire
½ cuill. à café de levure chimique
Un petit peu de lait (facultatif)
Sel et poivre du moulin

Battez l'œuf, la farine et la levure dans un saladier de taille moyenne en ajoutant, si nécessaire, un peu de lait afin d'obtenir une pâte épaisse et lisse. Salez et poivrez.

Arrosez généreusement le fond d'une poêle d'huile d'olive et faites chauffer à feu doux. À l'aide d'une fourchette, plongez les tomates dans la pâte en veillant à bien les enrober. Laissez couler le surplus de pâte. Faites frire dans l'huile d'olive chaude en plusieurs fois, jusqu'à ce que les beignets soient dorés, 3 minutes environ de chaque côté.

Égouttez sur du papier absorbant et servez chaud ou froid.

POUR RECONSTITUER DES TOMATES SÉCHÉES

Mettez les tomates dans un saladier et recouvrez-les d'eau. Laissez-les dessaler et se réhydrater pendant 2 heures environ. Elles doivent gonfler et retrouver leur forme d'origine tout en restant un peu ridées. Égouttez bien.

Piatto di salami misti e prosciutto

ASSIETTE DE VIANDE SÉCHÉE

Les Italiens adorent la charcuterie, surtout le porc, que l'on trouve sous toutes sortes de formes, tailles et goûts. *Salami*, *prosciutto* et *bresaola* – cette exceptionnelle viande séchée et fumée – sont souvent présentés sur des assiettes et accompagnés de légumes au vinaigre comme des champignons, des cornichons, des oignons et des olives, que l'on peut trouver dans les épiceries fines italiennes.

POUR 1 PERSONNE • PRÉPARATION : 5 MIN

Quelques tranches de salami *Felino*
Salami napolitain et saucisse *calabrese* forte
Quelques tranches de jambon de Parme, *bresaola* (bœuf) ou *mortadella*
Grissini, *crostini* ou crackers non salés

Disposez les viandes « artistiquement » sur une assiette et faites-la passer aux invités pour qu'ils se servent. Des *grissini* (fins gressins croustillants), *crostini* (tranches de pain grillé) ou crackers non salés accompagnent généralement ces viandes. (Il est important qu'ils ne soient pas salés car la charcuterie l'est déjà beaucoup.)

Ce plat est particulièrement intéressant car vous n'avez pas besoin de cuisiner à la maison, tous les produits étant disponibles dans les épiceries fines.

Pâté di fegatini di pollo

PÂTÉ DE FOIE DE POULET

Cette recette est originaire de Toscane mais je l'ai légèrement modifiée de telle sorte qu'elle ressemble plus au foie gras d'oie ou de canard français.

POUR 600 G ENVIRON • PRÉPARATION : 20 MIN • CUISSON : 15 MIN • RÉFRIGÉRATION : QUELQUES HEURES

500 g de foies de poulet
4 cuill. à soupe d'huile d'olive
1 cuill. à soupe de sauge et de persil ciselés finement
1 gousse d'ail, pelée et écrasée en purée
Sel et poivre du moulin
1 cuill. à soupe de bon cognac
  et 1 cuill. à soupe de xérès doux
150 g de beurre doux

Tapissez de papier sulfurisé ou de film alimentaire une terrine ou 4 à 6 ramequins individuels.

À l'aide d'un couteau à éplucher, nettoyez les foies en ôtant la membrane qui les entoure. Lavez et séchez-les bien, puis coupez-les en gros morceaux.

Faites chauffer l'huile dans une poêle à feu moyen. Faites-y revenir les foies avec la sauge, le persil, l'ail, du sel et du poivre pendant 10 minutes environ, en les retournant de temps en temps et en veillant à ce qu'ils restent roses au centre. Retirez du feu et laissez refroidir.

Mixez la préparation dans un robot ménager pendant 3 ou 4 minutes, en ajoutant le cognac et le xérès jusqu'à obtention d'une sorte de pâte. Remettez la pâte dans la poêle, ajoutez le beurre et faites fondre à feu doux quelques minutes, jusqu'à obtention d'un mélange parfaitement homogène.

Transférez le pâté dans la terrine ou les ramequins et lissez le dessus. Laissez reposer et refroidir au réfrigérateur pendant quelques heures, jusqu'à ce que le pâté durcisse. Dégustez tartiné sur des *crostini* (tranches de pain grillé).

RESTES

Ajoutez un peu de pâté à des sauces de pâtes à base de viande ou des farces de légumes. Il leur donnera une saveur délicieuse.

Piatto di pesce marinato

ASSIETTE DE POISSONS MARINÉS

Pour ce délicieux *antipasto* de poissons marinés maison, vous pouvez utiliser des tranches de filets de saumon, d'espadon, de thon, de truite, de hareng, de maquereau, d'esturgeon, d'anchois ou même des saint-jacques tranchées.

POUR 1 PERSONNE • PRÉPARATION : 10 MIN • RÉFRIGÉRATION : QUELQUES HEURES

1 fine tranche de 4 types de filets de poisson très frais (voir ci-dessus)
1 cuill. à café de sucre en poudre
Sel et poivre du moulin
2 cuill. à soupe d'huile d'olive vierge extra
1 cuill. à soupe de jus de citron frais
2 cuill. à soupe d'aneth ciselée finement

Vérifiez que les filets de poisson ne présentent aucune arête. Disposez-les sur un plat en inox, saupoudrez-les de sucre, salez et poivrez un peu. Arrosez d'huile d'olive et de jus de citron. Parsemez d'aneth ciselée et laissez mariner à découvert au réfrigérateur pendant quelques heures.

Piatto di pesce affumicato

ASSIETTE DE POISSONS FUMÉS

Ce plat est plus une idée pour l'amateur de poissons fumés qu'une véritable recette. Souvenez-vous simplement que pour un résultat parfait, le poisson doit être de bonne qualité.

Pour préparer une assiette pour une personne (à multiplier par le nombre d'invités), choisissez quatre poissons parmi les poissons fumés suivants – truite, saumon, anguille, esturgeon, thon ou espadon – et disposez-en une tranche sur chaque assiette. Servez avec une cuillerée à soupe de raifort crémeux, un demi-citron et beaucoup de pain complet ou de *grissini*.

Acciughe in salsa verde

ANCHOIS À LA SAUCE VERTE

Les Italiens utilisent généralement du persil, du basilic ou de la roquette pour préparer la *salsa verde* ; elle peut aussi être confectionnée avec tout autre type d'ingrédients, parfois assez peu orthodoxes. Lorsque vous avez un petit creux et envie d'aliments salés, ces anchois sont sensationnels sur du pain grillé.

POUR UNE PART DE 300 G • PRÉPARATION : 15 MIN ENVIRON

- 300 g de filets d'anchois à l'huile (italiens ou espagnols de préférence, les meilleurs)

SALSA VERDE

- 2 cuill. à soupe de vinaigre de vin blanc
- 2 grandes tranches de pain de campagne, sans croûte
- 1 gros bouquet de persil plat, sans les tiges et ciselé très finement
- 1 petit piment, émincé
- 1 gousse d'ail, pelée et écrasée en purée
- 10 petits cornichons, tranchés très finement
- 15 câpres salées, trempées dans l'eau (voir page 34), égouttées et tranchées très finement
- Huile d'olive vierge extra, au besoin

Égouttez les anchois et étalez-en une couche au fond d'un récipient étroit en céramique.

Pour préparer la *salsa verde*, versez le vinaigre dans un saladier, plongez-y le pain et laissez tremper pendant quelques minutes. Retirez-le du saladier et essorez-le, puis réduisez-le en pâte. Transférez-le dans un autre saladier avec le persil, le piment, l'ail, les cornichons et les câpres et mélangez bien, en ajoutant suffisamment d'huile d'olive pour obtenir une consistance de sauce.

Recouvrez les anchois d'une couche de *salsa verde*, puis d'une autre couche d'anchois. Répétez l'opération jusqu'à ce que tous les anchois soient recouverts de sauce. Ajoutez suffisamment d'huile d'olive pour recouvrir le tout et mettez au réfrigérateur pendant une journée. Les anchois sont ensuite prêts à déguster. Gardez au réfrigérateur pendant une semaine maximum.

RESTES

Cette *salsa verde* peut s'accomoder de différentes manières. Lorsque vous préparez cette recette, multipliez les quantités par deux et utilisez les restes pour accompagner des viandes froides ou des canapés.

Polpette di tonno e patate

PETITS GÂTEAUX AU THON ET AUX POMMES DE TERRE

Cette recette utilise des pommes de terre fraîchement bouillies et écrasées en purée, mais vous pouvez également la préparer avec un reste de purée.

POUR 10 PETITS GÂTEAUX • PRÉPARATION : 15 À 20 MIN • CUISSON : 30 À 35 MIN

- 550 g pommes de terre
- Sel et poivre du moulin
- 250 g de thon à l'huile en conserve, égoutté et émietté
- 30 g de câpres salées, trempées dans l'eau (voir page 34), égouttées
- 4 cuill. à soupe de persil plat ciselé
- 3 œufs
- 100 g de miettes de pain séchées (voir ci-dessous), ou de chapelure toute prête
- Huile d'olive, pour frire
- Poivre

Coupez les pommes de terre en morceaux de la taille d'une noix et faites-les cuire dans l'eau bouillante salée jusqu'à ce qu'elles soient tendres, soit 20 minutes environ. Égouttez-les bien puis écrasez-les en purée et laissez refroidir.

Transférez la purée dans un saladier. Ajoutez le thon, les câpres coupées en morceaux, le persil et du poivre, ainsi que 2 des œufs, et mélangez bien.

Façonnez des gâteaux de 8 x 3 cm. Battez le troisième œuf dans un bol. Plongez les gâteaux dans l'œuf, puis roulez-les dans les miettes de pain ou la chapelure.

Versez une quantité suffisante d'huile d'olive dans une poêle pour en couvrir généreusement le fond et faites chauffer à feu doux. Faites frire les petits gâteaux jusqu'à ce qu'ils soient dorés, soit 5 minutes environ de chaque côté. Égouttez sur du papier absorbant et servez chaud ou froid.

POUR PRÉPARER LES MIETTES DE PAIN SÉCHÉES

Écroûtez un pain rassis, puis faites-le sécher au four à 160 °C (th. 5), jusqu'à ce qu'il soit croustillant. Transférez-le dans un robot ménager et mixez – ou enveloppez-le dans un torchon et écrasez-le en miettes avec un rouleau à pâtisserie.

POUR DESSALER DES CÂPRES

Les câpres salées sont nettement meilleures que celles au vinaigre, mais il faut les dessaler. Pour cela, faites-les tremper pendant 15 minutes environ dans l'eau froide, enlevez tout le sel restant à l'aide d'une cuillère et séchez bien.

Uova tonnate

ŒUFS FARCIS AU THON

Je ne compte plus le nombre de fois où j'ai surpris des invités avec ce plat simple mais riche en saveur. Si vous êtes pressé, vous pouvez acheter une mayonnaise toute prête, mais ce plat sera nettement meilleur si vous en préparez une vous-même – ce qui n'a, par ailleurs, rien de compliqué.

POUR 4 À 6 PERSONNES • PRÉPARATION : 20 MIN (MAYONNAISE MAISON COMPRISE) • DESSALEMENT DES CÂPRES : 15 MIN • CUISSON : 15 MIN

6 gros œufs
150 g de thon à l'huile en conserve, égoutté et émietté finement
12 câpres salées, trempées dans l'eau (voir ci-contre), égouttées et tranchées finement
1 cornichon (facultatif), tranché finement

MAYONNAISE
2 jaunes d'œuf
Sel et poivre du moulin
1 cuill. à café de moutarde
10 cl d'huile d'olive (pas vierge extra)
Le jus de ½ citron

Plongez les œufs dans une petite casserole d'eau froide, portez à ébullition et faites cuire 15 minutes pour obtenir des œufs durs. Égouttez et laissez refroidir.

Pour préparer la mayonnaise, battez les jaunes d'œuf avec une pincée de sel et une cuillère à café de moutarde jusqu'à obtention d'un mélange crémeux. Versez un petit peu d'huile d'olive en remuant constamment jusqu'à obtention d'une consistance homogène. Continuez à verser l'huile petit à petit sans cesser de remuer, jusqu'à ce que la préparation ait épaissi et que toute l'huile ait été ajoutée. Incorporez ensuite le jus de citron et mélangez bien le tout. Goûtez et assaisonnez à votre goût puis couvrez jusqu'à la dégustation.

Écalez les œufs et coupez-les en deux. Ôtez les jaunes, mettez-les dans un bol et écrasez-les avec une fourchette. Mélangez les jaunes écrasés avec le thon, les câpres (en en gardant quelques-unes pour décorer) et suffisamment de mayonnaise pour pouvoir façonner des boulettes de la taille d'un jaune d'œuf dur entier. Placez-les dans les trous laissés par les jaunes dans les demi-blancs d'œuf.

Répartissez les œufs dans des petits bols ou assiettes, recouvrez d'un peu plus de mayonnaise et servez garni de tranches de cornichon et de câpres entières.

Calamari fritti

CALAMARS FRITS

Ces calamars frits sont très faciles à préparer et amusants à déguster. Ils peuvent être servis tout seuls, comme ici – *alla romana* (à la romaine) – ou faire partie d'un *fritto misto*, plat composé de plusieurs poissons grillés.

POUR 4 PERSONNES • PRÉPARATION : 15 MIN (+ 10 MIN SI LES CALAMARS NE SONT PAS NETTOYÉS) • CUISSON : 10 MIN ENVIRON

400 g de calamars nettoyés (corps et tentacules)
Beaucoup d'huile d'olive ou d'arachide, pour frire
50 g de farine fine
50 g de farine ordinaire
Sel et poivre du moulin

Lavez les corps et les tentacules des calamars et séchez-les sur du papier absorbant. Coupez les corps en anneaux d'1,5 cm d'épaisseur environ.

Pendant ce temps, faites chauffer l'huile à feu doux dans une sauteuse. Prévoyez suffisamment d'huile pour que les morceaux de calamar puissent flotter, soit au moins 5 cm de profondeur.

Réunissez les deux farines dans un saladier de taille moyenne, salez et poivrez. Retournez les morceaux de calamar dans la farine, en ôtant le surplus.

Plongez les morceaux de calamar farinés dans l'huile chaude en plusieurs fois et laissez frire jusqu'à ce qu'ils soient brun doré, soit 4 à 5 minutes. Égouttez bien sur du papier absorbant et servez immédiatement.

POUR NETTOYER LES CALAMARS

Les calamars, surtout les petits, sont généralement vendus nettoyés chez les poissonniers. Si ce n'est pas le cas, séparez simplement les tentacules et la tête du corps du calamar. Éliminez aussi l'œil, les viscères et la poche à encre attachée à la tête. Ôtez enfin le petit bec dur situé au milieu des tentacules en haut, ainsi que la « plume » (cartilage très fin) du corps. Lavez et séchez bien le tout.

Insalata di rucola, pomodoro e mozzarella

SALADE DE ROQUETTE, TOMATE ET MOZZARELLA

J'aime cette association de tomate et de mozzarella sans le basilic habituel que je préfère manger avec des tomates « nature ». La roquette, surtout la variété sauvage, rehausse le goût plutôt fade de la tomate et le goût piquant de la mozzarella.

POUR 4 PERSONNES • PRÉPARATION : 15 MIN

100 g de roquette (de préférence sauvage), nettoyée et lavée
200 g de tomates, coupées en quartiers
150 g de mozzarella de bufflonne, coupée en lamelles

VINAIGRETTE
4 cuill. à soupe d'huile d'olive vierge extra
1 cuill. à soupe de vinaigre de vin blanc
½ cuill. à café de sucre en poudre
Sel et poivre du moulin

Pour préparer la vinaigrette, réunissez dans un bol l'huile, le vinaigre, le sucre, le sel et le poivre. Mélangez bien.

Mettez la roquette, les tomates et la mozzarella dans un saladier, arrosez de vinaigrette et mélangez bien le tout. Servez immédiatement (la tomate devenant pâteuse si elle attend trop longtemps).

Insalata verde con finocchio

SALADE VERTE AU FENOUIL

Mes salades préférées sont les plus simples, dans lesquelles les ingrédients – peu nombreux – se complètent. Ici, le mariage des cœurs croquants de sucrine et des bulbes de fenouil bien tendres est extrêmement rafraîchissant.

POUR 4 PERSONNES • PRÉPARATION : 15 MIN

4 cœurs de sucrine
2 bulbes de fenouil
4 cuill. à soupe d'huile d'olive vierge extra
Le jus de ½ citron + le zeste râpé finement,
  ou 3 cuill. à soupe de vinaigre balsamique
Sel et poivre du moulin

Lavez les cœurs de sucrine et coupez-les en quatre dans le sens de la longueur. Séparez les feuilles en éliminant celles de l'extérieur si elles semblent dures. Mettez-les dans un saladier. Ôtez les feuilles extérieures plus dures du fenouil, puis découpez la chair horizontalement en très fines tranches. Ajoutez-les à la sucrine.

Pour la vinaigrette, réunissez dans un bol l'huile, le jus et le zeste de citron (ou le vinaigre), salez et poivrez, puis mélangez bien le tout. Versez sur la salade, remuez et servez.

VARIANTE PLUS ORIGINALE

Pour obtenir une combinaison intéressante de saveurs, remplacez les sucrines par de petites endives. L'amertume naturelle des feuilles d'endives contraste agréablement avec la saveur anisée du fenouil.

Insalata di cicoria belga con olio al tartufo

SALADE D'ENDIVES À L'HUILE DE TRUFFE

Je m'efforce de ne pas abuser de l'huile de truffe en raison de sa saveur très intense. Je préfère largement déguster des truffes en saison mais l'huile de truffe compense agréablement la légère amertume des endives. Cette salade peut être servie en entrée mais constitue aussi une excellente garniture pour du rosbif ou un steak dans le filet.

POUR 4 PERSONNES • PRÉPARATION : 10 MIN

4 endives
30 g de truffes d'été (facultatif), tranchées finement

VINAIGRETTE
2 cuill. à soupe d'huile d'olive vierge extra
1/2 cuill. à café d'huile de truffe
2 cuill. à soupe de vinaigre balsamique
Sel et poivre du moulin

Coupez la base des endives. Découpez les feuilles en petites bandes et mettez-les dans un saladier.

Pour la vinaigrette, réunissez l'huile d'olive, l'huile de truffe, le vinaigre, un peu de sel et beaucoup de poivre dans un bol et mélangez bien le tout. Arrosez les endives de vinaigrette et remuez. Servez éventuellement garni de tranches de truffes d'été.

Insalata di cavolo verza

SALADE DE CHOU FRISÉ DE MILAN

Cette salade me rappelle de tendres souvenirs. Après la guerre, alors que j'étais adolescent, mes copains d'école et moi étions souvent affamés dans l'après-midi. Il était alors facile d'improviser un en-cas de chou « emprunté » au fermier du coin et accompagné d'huile d'olive, de vinaigre et de pain !

POUR 4 PERSONNES • PRÉPARATION : 10 MIN

1 chou frisé de Milan
4 grandes tranches de bon pain de campagne
1 gousse d'ail, pelée

VINAIGRETTE
3 cuill. à soupe d'huile d'olive
1 cuill. à soupe de vinaigre de vin blanc
2 filets d'anchois à l'huile, égouttés
  et tranchés très finement
Sel et poivre du moulin

Ôtez les feuilles extérieures du chou (que vous pouvez utiliser comme suggéré ci-dessous) jusqu'à ce qu'il ne vous reste que le milieu blanc. Tranchez-le très finement et mettez-le dans un saladier.

Frottez les tranches de pain avec la gousse d'ail.

Pour la vinaigrette, réunissez l'huile, le vinaigre, les anchois, un peu de sel et beaucoup de poivre dans un bol et mélangez bien. Versez sur le chou et remuez. Dégustez avec le pain à l'ail.

RESTES

Vous pouvez râper les feuilles extérieures du chou pour agrémenter une soupe, comme le *minestrone* (voir page 54), ou vous en servir pour préparer une variante rapide de choucroute. Sinon, faites-les revenir avec un petit oignon, du vinaigre, des baies de genièvre, du sel et du poivre et elles accompagneront parfaitement des viandes bouillies, des saucisses, du poulet ou du rôti de porc.

Panzanella

SALADE AU PAIN ET AUX LÉGUMES

Ma mère avait l'habitude de préparer ce plat peu coûteux, personnellement je l'apprécie surtout parce qu'il me rappelle l'été – et vous en dégusterez souvent si vous venez chez moi. Ma mère se servait de pain rassis cuit au four pour le rendre plus absorbant et meilleur.

POUR 4 PERSONNES • PRÉPARATION : 15 MIN • CUISSON : 20 À 25 MIN • INFUSION : QUELQUES HEURES

4 grosses tranches de pain de campagne, sans la croûte
4 grosses tomates mûres (800 g environ)
Le milieu tendre d'1 tête de céleri + les feuilles découpées grossièrement
10 feuilles de basilic, ciselées
10 olives vertes ou noires, dénoyautées
1 bouquet de petits oignons blancs, coupés en morceaux
1 poivron jaune, épépiné et coupé en fines lamelles
1 gousse d'ail (facultatif), pelée et écrasée en purée
6 cuill. à soupe d'huile d'olive vierge extra
Sel et poivre du moulin

Préchauffez le four à 160 °C (th. 5) et faites cuire le pain pendant 20 minutes environ, jusqu'à ce qu'il soit doré. Coupez le pain grillé en petits morceaux.

Portez de l'eau à ébullition dans une casserole et plongez-y les tomates pendant 30 secondes. Ôtez la peau, puis découpez grossièrement la chair en recueillant le jus. (Si vos tomates ne sont pas très juteuses, essayez d'ajouter du jus de tomate en brique ou en bouteille pour compenser.)

Mélangez les morceaux de tomate et le jus avec tous les autres ingrédients, y compris le pain. Laissez infuser pendant quelques heures, de telle sorte que le pain se gorge de toutes les saveurs et ramollisse. Remuez de temps en temps. Rectifiez l'assaisonnement à votre convenance et servez froid.

Insalata di barbabietole con menta

SALADE DE BETTERAVES À LA MENTHE

J'insiste sur l'importance d'acheter des petites betteraves très fraîches pour cette salade – les betteraves cuisinées ne conviennent pas. Les miennes sont délicieuses et proviennent généralement de mon jardin. La combinaison de la menthe fraîche et de la betterave sucrée donne un plat qui constitue non seulement une excellente entrée, mais aussi une garniture parfaite pour un poulet rôti ou du poisson grillé.

POUR 4 PERSONNES • PRÉPARATION : 10 MIN • CUISSON : 30 MIN ENVIRON

16 petites betteraves rouges fraîches
20 feuilles de menthe

VINAIGRETTE
4 cuill. à soupe d'huile d'olive vierge extra
1 cuill. à soupe de vinaigre de vin blanc
Sel et poivre du moulin

Faites cuire les betteraves dans une grande quantité d'eau bouillante, jusqu'à ce que la pointe d'un couteau y pénètre facilement (30 minutes environ). Égouttez bien.

Lorsqu'elles ont assez refroidi pour être manipulées, pelez les betteraves et coupez-les en fines tranches. Mettez dans un saladier et ajoutez la menthe.

Pour la vinaigrette, réunissez dans un bol l'huile, le vinaigre, le sel et le poivre et mélangez bien le tout. Versez sur les betteraves et la menthe, remuez et servez.

Zuppe, passati e minestre

SOUPES

Les Italiens distinguent différents types de soupes. Le terme général de *zuppa* désigne un bouillon contenant des ingrédients qui n'ont pas été passés au mixeur ; la *passata* est généralement une *zuppa* passée au mixeur et donc liquide ou crémeuse (également connue sous le nom de *crema*) ; enfin, la *minestra* est une soupe à base de bouillon et de légumes verts. On peut préparer des soupes avec toutes sortes d'aliments – viande, poisson ou légumes – et elles sont souvent agrémentées de pâtes ou de riz qui les épaississent, voire d'une tranche de pain si elles sont très liquides.

Passata estiva di cetrioli e pomodori

SOUPE D'ÉTÉ AU CONCOMBRE ET AUX TOMATES

Cette soupe, dont les ingrédients sont crus, se distingue par son spectaculaire contraste de couleurs. Elles est délicieusement rafraîchissante à déguster par une chaude journée d'été !

POUR 4 PERSONNES • PRÉPARATION : 15 MIN

1 gros concombre, pelé et coupé en morceaux
2 cuill. à soupe d'aneth ciselée finement
3 cuill. à soupe de crème fraîche épaisse
Sel et poivre du moulin
2 grosses tomates, pelées (voir page 43)
 et coupées en morceaux
10 feuilles de basilic + quelques-unes en garniture
1 oignon blanc, pelé et coupé en gros morceaux

Passez le concombre et l'aneth au mixeur ou au robot ménager. Incorporez la crème à la préparation et assaisonnez à votre convenance avec un peu de sel et de poivre. Mettez au réfrigérateur.

Passez les tomates pelées au mixeur avec le basilic et l'oignon. Assaisonnez à votre convenance et mettez au réfrigérateur.

Au moment de servir, transférez d'abord la soupe au concombre dans une assiette creuse ou un bol, puis déposez délicatement la soupe à la tomate au centre et garnissez de quelques feuilles de basilic.

VARIANTE PLUS ORIGINALE

Pour une variation sur les textures, agrémentez chaque portion de soupe d'une cuillerée à soupe de tomate et de concombre émincés très finement.

Pasta e fagioli

SOUPE AUX PÂTES ET AUX HARICOTS

Il existe au moins vingt versions de cette soupe, selon les régions d'Italie où elle est préparée. Elle se base généralement sur un bouillon parfumé par un os de jambon de Parme, bien que les versions végétariennes, telle que la version présentée ici, soient aujourd'hui à la mode.

POUR 6 PERSONNES • PRÉPARATION : 15 MIN • CUISSON : 40 À 45 MIN (+ 2 À 3 H POUR LES HARICOTS SECS) • TREMPAGE DES HARICOTS SECS : UNE NUIT

- 250 g de haricots secs *borlotti* ou *cannellini*, ou 1,2 kg de haricots *borlotti* non salés en conserve, égouttés et rincés
- 2 tiges de céleri, coupées en dés
- 4 cuill. à soupe d'huile d'olive vierge extra
- 1 piment rouge frais, émincé
- 2 gousses d'ail, pelées et émincées
- 3 tomates mûres, pelées (voir page 43) et coupées en morceaux, ou 400 g de tomates en morceaux en conserve
- 1 l de bouillon de légumes ou d'eau
- 115 g de petites pâtes courtes mélangées ou *tubettini*
- 10 feuilles de basilic, hachées
- Sel et poivre du moulin

Si vous utilisez des haricots secs, laissez-les tremper dans l'eau pendant toute une nuit, puis faites-les cuire dans de l'eau bouillante non salée pendant 2 à 3 heures, jusqu'à ce qu'ils soient tendres, et égouttez-les.

Dans une grande casserole, faites revenir à feu moyen le céleri dans l'huile d'olive pendant quelques minutes, puis ajoutez le piment.

Au bout de 10 minutes environ, ajoutez l'ail et faites cuire quelques minutes, jusqu'à ce qu'il soit tendre, puis incorporez les tomates à la préparation. Attendez encore 10 minutes avant d'ajouter $\frac{2}{3}$ des haricots, en réservant le dernier tiers pour l'écraser en purée et l'ajouter à la soupe pour l'épaissir. Versez le bouillon ou l'eau et portez à ébullition. Ajoutez les pâtes et, au bout de 8 minutes, les feuilles de basilic et les haricots écrasés en purée. Assaisonnez et servez.

VARIANTE PLUS ORIGINALE

Au moment de servir, arrosez chaque bol ou assiette de soupe d'un simple filet d'huile d'olive vierge extra pour lui donner une saveur incomparable. Si vous aimez, vous pouvez remplacer l'huile d'olive par de l'huile de piment. Mais évitez absolument le parmesan.

vellutata di cannellini e porcini

VELOUTÉ DE CÈPES ET DE HARICOTS CANNELLINI

Le mot « velouté » désigne une soupe à la texture onctueuse. Les Italiens préfèrent ce terme à celui de *passata* à la consonance pourtant plus locale. Le cèpe, ou *porcino*, est le roi des champignons sauvages et sa saison est vraiment très courte.

POUR 4 PERSONNES • PRÉPARATION : 15 MIN • CUISSON : 15 MIN + 1 H 30 À 2 H POUR LES HARICOTS SECS • TREMPAGE DES HARICOTS SECS : UNE NUIT

150 g de haricots *cannellini* secs
400 g de petits *porcini* (cèpes) frais
60 g de beurre
1 gousse d'ail entière, pelée
Sel et poivre du moulin
50 cl de bouillon de légumes
4 cl de crème fraîche épaisse
50 g de parmesan (facultatif), fraîchement râpé

Faites tremper les haricots *cannellini* dans l'eau pendant toute une nuit. Égouttez-les, puis transférez-les dans une grande casserole, recouvrez-les d'eau fraîche, portez à ébullition et laissez cuire pendant 10 minutes. Baissez le feu et laissez mijoter à feu doux pendant 1 heure 30 à 2 heures. Égouttez.

Nettoyez soigneusement les *porcini* en les brossant et en vérifiant que l'intérieur de la tige n'abrite pas de visiteur indésirable. Coupez les chapeaux et les tiges en tranches. Faites-les sauter dans le beurre avec l'ail pendant 10 minutes. Retirez l'ail de la poêle et jetez-la, puis assaisonnez à votre convenance.

Versez le bouillon dans une casserole, ajoutez les haricots *cannellini* et les porcini et faites cuire quelques minutes. Salez et poivrez, puis ajoutez la crème fraîche et passez au mixeur pour obtenir une consistance onctueuse. Versez dans des bols et parsemez éventuellement de parmesan.

VARIANTE MOINS COÛTEUSE

Remplacez les *porcini* par 300 g de champignons de Paris cuits de la même manière, puis ajoutez 20 g de *porcini* séchés réhydratés (voir page 102) et prolongez la cuisson de 10 minutes. Salez et poivrez, puis versez le bouillon et passez au mixeur comme précédemment.

Passato di zucca

SOUPE AU POTIRON

L'automne et l'hiver offrent beaucoup de racines et de courges qui peuvent se déguster en soupe. Cette soupe au potiron est plutôt proposée dans le nord et surtout le nord-est de l'Italie, d'où est originaire le *speck* (épaule de porc séchée et fumée).

POUR 4 PERSONNES • PRÉPARATION : 15 MIN • CUISSON : 30 À 35 MIN

1 oignon de taille moyenne, pelé et émincé
2 cuill. à soupe d'huile d'olive
1 l de bouillon de poulet ou de légumes
600 g de chair de potiron, coupée en dés
200 g de céleri-rave, pelé et coupé en dés
Sel et poivre du moulin

Dans une grande casserole, faites ramollir l'oignon dans l'huile d'olive pendant 10 minutes environ, sans le laisser brunir.

Ajoutez le bouillon et, une fois à ébullition, les dés de potiron et de céleri-rave. Laissez cuire pendant 15 à 20 minutes, jusqu'à ce que les légumes soient tendres. Salez et poivrez à votre convenance.

Passez la préparation au mixeur et remettez-la dans la casserole. Réchauffez la soupe et servez-la dans des bols.

VARIANTE PLUS ORIGINALE

Découpez en lamelles, puis en cubes une tranche de 5 mm d'épaisseur de *speck* ou de *pancetta* fumée. Faites chauffer 4 cuillerées à soupe d'huile d'olive dans une poêle, ajoutez le *speck* ou la *pancetta* et faites cuire jusqu'à ce qu'ils soient croustillants. Saupoudrez de 2 cuillerées à soupe de romarin ciselé finement et remuez pour bien mélanger. À l'aide d'une cuillère, déposez un quart du mélange au centre de chaque bol de soupe.

Minestrone

SOUPE DE LÉGUMES ÉPAISSE

En Italie, il existe autant de recettes de *minestrone* (soupe épaisse à base de légumes) que de ménages. Le *minestrone* varie beaucoup selon les légumes de la saison ou ceux que vous avez chez vous, bien qu'il comprenne généralement des haricots, des pommes de terre, des tomates, du chou, des épinards, du chou-fleur, des carottes, ainsi que des herbes, comme le basilic et le romarin, et même du *pesto*.

POUR 4 PERSONNES • PRÉPARATION : 15 À 20 MIN • CUISSON : 35 MIN

1 gros oignon, pelé et coupé en dés
6 cuill. à soupe d'huile d'olive
150 g de carottes et de pommes de terre, pelées et coupées en dés
150 g de courgettes, céleri et tomates, coupés en dés
150 g de haricots *borlotti* ou de pois frais écossés, ou de pois chiches cuits
1,5 l de bouillon de légumes ou d'eau
2 cubes de bouillon de légumes
10 feuilles de basilic, hachées
Sel et poivre du moulin
50 g de parmesan (facultatif), fraîchement râpé
Huile d'olive vierge extra

Dans une grande poêle, faites revenir l'oignon dans l'huile d'olive pendant 5 minutes environ, puis ajoutez les dés de légumes et les haricots ou les pois chiches. Recouvrez de bouillon ou d'eau, émiettez les cubes de bouillon dedans, puis laissez mijoter à feu doux et à couvert pendant 30 minutes, jusqu'à ce que les légumes soient tendres.

Parsemez de basilic et assaisonnez à votre convenance. Saupoudrez éventuellement de parmesan, arrosez d'huile d'olive vierge extra et servez.

VARIANTE PLUS ORIGINALE

La soupe provençale au pistou n'est rien d'autre qu'un *minestrone* agrémenté de pistou – version française du *pesto* – en fin de cuisson, pour en rehausser le goût. Vous pouvez aussi ajouter des pâtes courtes ou du riz pour épaissir la soupe (60 g à mi-cuisson des légumes).

ombelico di venere in brodo

TORTELLINI (NOMBRIL DE VÉNUS) AU BOUILLON

Dès qu'il est à la carte, je choisis ce plat simple. Ces petites pâtes farcies – *tortellini*, *cappelletti* ou *anolini*, comme on les appelle à Bologne – sont généralement faites à la main et se distinguent par leur forme particulièrement originale. Bien que je trouve personnellement que les *tortellini* ressemblent à de petits chapeaux, certains Italiens à l'imagination fertile les ont baptisés du doux nom de « nombril de Vénus ». S'il est difficile de les confectionner chez soi, on en trouve des frais dans les épiceries fines.

POUR 4 PERSONNES • PRÉPARATION : 5 MIN • CUISSON : 15 À 20 MIN

1 l de bouillon de poulet ou de bœuf
Sel et poivre du moulin
400 g de *tortellini* ou *cappelletti* frais de bonne qualité
60 g de parmesan, fraîchement râpé

Versez le bouillon dans une casserole et portez à ébullition à feu doux pour le faire réduire, jusqu'à obtenir 60 cl de liquide. Son goût sera ainsi plus intense.

Portez de nouveau le bouillon à ébullition et salez et poivrez si besoin. Ajoutez les pâtes et faites-les cuire selon les instructions figurant sur le paquet, généralement entre 4 et 6 minutes.

Répartissez le bouillon et les pâtes dans des assiettes creuses et saupoudrez de parmesan avant de servir.

SUGGESTION

Vous pouvez faire cuire les pâtes dans le bouillon, les égoutter, puis les faire revenir dans du beurre avec de la sauge, et servir ce plat en entrée. Vous pouvez aussi garder un peu de bouillon dans la poêle, puis ajouter un peu de crème fraîche épaisse et du jambon râpé pour préparer une sauce originale pour des pâtes (obtenant ainsi un plat connu en Italie sous le nom de *tortellini alla panna*).

Stracciatella con gnocchetti di pollo

BOUILLON D'ŒUF AUX BOULETTES DE POULET

La *stracciatella* est une soupe proposée dans beaucoup de restaurants anciens. Elle est assez fade et plutôt réservée aux personnes qui ont un petit appétit. Pour la rendre plus intéressante, elle est ici agrémentée de délicieuses boulettes de poulet.

POUR 4 PERSONNES • CUISSON : 10 À 15 MIN • PRÉPARATION : 15 MIN

1 l de très bon bouillon de poulet, amené à ébullition
2 œufs entiers + 2 jaunes d'œuf, battus ensemble
20 g de parmesan, fraîchement râpé
2 cuill. à soupe de feuilles de cerfeuil, ciselées
Sel et poivre du moulin

BOULETTES DE POULET
200 g de poulet haché
2 blancs d'œuf, battus en neige ferme
30 g de parmesan, fraîchement râpé
2 cuill. à soupe de ciboulette, ciselée très finement

Pour préparer les boulettes, commencez par mélanger dans un saladier le poulet haché avec les blancs d'œuf battus en neige ferme, le parmesan et la ciboulette. Assaisonnez à votre convenance avec un peu de sel et beaucoup de poivre. En vous aidant de 2 petites cuillères, façonnez le mélange en boulettes et plongez-les dans le bouillon amené à ébullition. Laissez cuire 8 minutes, puis retirez de l'eau et réservez.

Dans un autre saladier, mélangez les œufs battus et les jaunes avec le parmesan et le cerfeuil ; salez et poivrez à votre convenance. Versez délicatement ce mélange dans le bouillon amené à ébullition en battant rapidement au fouet pour obtenir un bouillon épais.

Remettez les boulettes dans le bouillon et servez immédiatement.

RESTES

S'il vous reste des boulettes, vous pouvez les rouler dans la chapelure et les déguster frites en petites rissoles ou les faire mijoter dans une bonne sauce tomate préparée avec de l'huile, de l'ail, de la *passata* de tomate et du basilic (voir page 69) pour accompagner des pâtes.

Zuppa di ceci e costine

SOUPE AUX TRAVERS DE PORC ET AUX POIS CHICHES

Cette soupe, très appréciée des fermiers du sud de l'Italie, est peu coûteuse et très savoureuse. Vous pouvez utiliser des pois chiches en conserve ou en bocal, ce qui évite ainsi des heures de trempage et de cuisson. Essayez de trouver des travers de porc bien charnus pour rendre ce plat consistant.

POUR 4 PERSONNES • PRÉPARATION : 15 MIN • CUISSON : 1 H 50 À 2 H

Huile d'olive vierge extra
800 g de travers de porc charnus, côtes séparées
2 tiges de céleri, émincées
2 gousses d'ail, pelées et émincées
2 carottes moyennes, pelées et émincées
10 tomates séchées, émincées
1,5 l d'eau
1,2 kg de pois chiches cuits en conserve, égouttés
1/2 piment frais, émincé
4 feuilles de basilic, ciselées
Sel et poivre du moulin

Versez 4 cuillerées à soupe d'huile d'olive dans une grande casserole et faites revenir les travers de porc, jusqu'à ce qu'ils soient bien roussis de chaque côté. Ajoutez les tomates séchées et tous les légumes frais et émincés et prolongez la cuisson de 10 minutes.

Versez l'eau et portez à ébullition. Laissez mijoter à feu moyen pendant 1 heure, puis écumez et éliminez la graisse à la surface du liquide. Ajoutez les pois chiches égouttés, le piment et le basilic, puis faites cuire encore 30 à 40 minutes, jusqu'à ce que la viande soit tendre, en ajoutant un peu d'eau si la soupe semble trop épaisse.

Assaisonnez avec un peu de sel et de poivre et versez dans des bols, arrosez d'un peu d'huile d'olive vierge extra et servez.

Zuppa di pesce

SOUPE DE POISSON

Les soupes de poisson sont très régionales, souvent préparées différemment selon les villages du littoral italien. Dans la région de la Marche, on appelle la soupe de poisson *brodetto*, « petit bouillon », et on la prépare avec le poisson frais local. C'est également un plat classique à Venise où elle contient différents mollusques de la lagune.

POUR 4 PERSONNES • PRÉPARATION : 15 MIN (+ NETTOYAGE DES MOULES) • CUISSON : 20 À 25 MIN

- 6 cuill. à soupe d'huile d'olive
- 1 petit oignon, pelé et émincé
- 2 à 3 cuill. à soupe de *passata* (voir page 63)
- 1 kg de moules, nettoyées (voir ci-dessous)
- 300 g de lotte, coupée en dés de taille moyenne
- 300 g de calamars, nettoyés et coupés en anneaux (voir page 36)
- 50 cl au moins de soupe de poisson toute prête
- 4 tranches épaisses de pain de campagne, grillées

Dans une grande casserole, faites ramollir les oignons pendant 6 ou 7 minutes dans l'huile chaude. Ajoutez la *passata*, puis les moules, la lotte et les anneaux de calamar et faites cuire pendant 10 minutes environ. Éliminez toutes les moules qui ne se sont pas ouvertes.

Ajoutez la soupe de poisson à la préparation en remuant et faites chauffer 5 minutes environ à feu doux. Placez une tranche de pain grillé au fond de chaque bol ou assiette, arrosez de soupe et servez.

NETTOYER DES MOULES OU DES PALOURDES

Recouvrez les coquillages d'eau et frottez-les bien pour éliminer le sable et les bernacles. Avec la lame d'un couteau, ôtez la « barbe » filandreuse de la moule. Éliminez toutes les moules ou palourdes qui ne se ferment pas lorsque vous les tapotez, car elles sont probablement mortes. Lavez une nouvelle fois.

Pasta

PÂTES

Si les pâtes n'existaient pas, il faudrait les inventer ! L'Italie passe généralement pour être le pays des pâtes et on s'en régale au moins une fois par jour : il en existe plus de 600 formes officielles et tout autant de combinaisons de sauce. Économiques, énergétiques, faciles à préparer et amusantes à déguster, elles sont l'objet de toutes les louanges !

Voilà donc un sujet si riche, complexe et varié qu'il mérite un livre à lui seul. Dans ce court chapitre, je vais tenter de vous expliquer la philosophie complexe des pâtes. Car il existe certaines règles qui, lorsqu'elles sont observées, produisent d'excellents résultats et qui, si elles ne le sont pas, donnent des recettes décevantes.

LES TYPES DE PÂTES

La plupart des pâtes vendues dans le commerce sont fabriquées avec de la semoule de blé (dur) et de l'eau. Elles sont extrudées sous haute pression par une machine, coupées, puis séchées, l'ensemble du processus nécessitant une douzaine d'heures. D'autres pâtes sèches sont fabriquées avec des œufs, ce qui les rend plus riches en protéines et leur donne une texture différente.

Il existe également des pâtes faites à la main avec de l'eau, de la semoule de blé dur et de la farine de type 55. Elles viennent généralement de la région des Pouilles où l'on fabrique à la main *orrecchiette*, *fusilli*, *strozzapreti* et *cecatelli*, et de Toscane, où ces pâtes portent le nom de *strangozzi*.

De nos jours, on trouve aussi des pâtes farcies dans toutes les grandes surfaces : *ravioli*, *tortellini*, *tortelloni*, *tortelli* et *cappelletti* (très bons dans un bouillon). Elles restent bien sûr meilleures fraîches.

Pour les occasions spéciales, les Italiens préfèrent toujours préparer leurs propres pâtes fraîches, avec de la farine et de l'eau, ou en ajoutant des œufs. D'après moi, il y a très peu de bonnes pâtes fraîches dans le commerce et je pense que les meilleures pâtes sont celles que l'on fait soi-même. Si vous voulez essayer, vous trouverez page 121 une recette de *fusilli* frais.

LES SAUCES POUR PÂTES

À CHAQUE PÂTE SA SAUCE

Les *spaghetti* et toutes les pâtes rondes et longues conviennent à la plupart des sauces, excepté la *bolognese*. Pour cette dernière, préférez les *tagliatelle* (pâtes en forme de ruban plat) aux œufs faites maison ou les *tagliatelle* sèches, avec ou sans œuf, vendues dans le commerce. Les *tagliolini*, la plus petite forme de *tagliatelle*, s'accommodent particulièrement bien avec de la sauce aux truffes ou d'autres sauces raffinées, par exemple au crabe ou au homard. Les cheveux d'ange, ou *capelli d'angelo*, sont des pâtes longues et particulièrement fines, délicieuses avec une simple sauce tomate ou dans un bouillon. Les grosses pâtes courtes, comme les *paccheri*, les *macaroni* et les *penne*, se dégustent avec une sauce *arrabbiata* ou un *ragù* de tomate et de viande mijoté longuement. Les toutes petites pâtes, *pastina*, agrémentent les bouillons et les soupes.

SAUCES AVEC TOMATE

La majorité des sauces italiennes pour les pâtes contiennent de la tomate. Outre sa couleur, une tomate mûre confère à une sauce un peu d'acidité pour compenser les autres ingrédients, ce qui donne au final un goût excellent. Hors saison (et parfois en saison également), les Italiens utilisent maintenant de nombreux produits en conserve ou en bocal, vraiment très pratiques.

- LES TOMATES PELÉES EN CONSERVE, appelées *pelati*, qui contiennent les pépins, la pulpe et beaucoup d'eau, s'utilisent dans des sauces qui cuisent longtemps.
- LES TOMATES EN MORCEAUX EN CONSERVE, également appelées « pulpe de tomate », sont très utiles. La pulpe est présentée en morceaux, sans pépin ni peau, et peut servir pour n'importe quel type de sauce.
- LA *PASSATA* DE TOMATE en bocal, se compose de tomates passées au mixeur et égouttées, de consistance liquide (souvent trop liquide à mon goût d'ailleurs). Elle peut être utilisée en tant que telle (comme une sorte de coulis) ou pour des sauces qui cuisent longtemps, en association avec des tomates pelées et en morceaux.
- LE CONCENTRÉ DE TOMATE est une pâte ou purée (qui se présente généralement sous forme de tube, parfois de petite boîte de conserve) consistant en une double concentration de tomate. Il sert à renforcer le goût des tomates fraîches. En Sicile, cette pâte est six fois concentrée en tomate ; vendue partout sous le nom de *strattu*, ou « extrait », elle est solide, très foncée et doit être délayée dans de l'eau.

AUTRES SAUCES

- LES VIANDES sont souvent en sauce en Italie. La viande hachée de bœuf, le veau, le porc ou même le gibier, comme le sanglier, la biche, le lièvre, le faisan, etc. servent à préparer des *ragù* (sauces longuement mijotées). Des foies de poulet et des ris de veau sont parfois ajoutés. Les viandes fumées (*speck*, jambon fumé, *pancetta*, jambon de Parme, *salami*) peuvent aussi rehausser la saveur d'une sauce.
- TOUS LES TYPES DE FRUITS DE MER, comme les moules, les palourdes, le homard, le crabe, les coquilles Saint-Jacques, les crevettes grises et roses, la seiche, les calamars, le poulpe et de nombreux poissons – dont on a ôté les arêtes –, comme le rouget, la lotte, les sardines, le thon et même la sole, agrémentent de nombreuses sauces classiques. Les anchois en conserve ou en bocal, conservés dans le sel ou l'huile, sont aussi très appréciés.
- LES LÉGUMES tels que les brocolis, le chou-fleur, les endives, les haricots verts, les fèves, les pois, les artichauts, les asperges, les haricots *borlotti* et *cannellini*, les pommes de terre, les épinards, le potiron, la betterave, les pois chiches et les champignons ajoutent de la texture et de la saveur aux sauces. L'oignon et l'ail sont essentiels, tout comme les carottes et le céleri (tous des ingrédients du *soffritto* italien). Les champignons séchés *porcini* (cèpes) sont excellents hors saison, lorsqu'il n'y en a pas de frais.
- LES PARFUMS ET LES CONDIMENTS varient énormément. L'huile d'olive et le beurre sont essentiels, tout comme le sel et le poivre, parfois les œufs et occasionnellement l'huile de truffe. Je n'aime pas beaucoup la crème avec les pâtes

– excepté pour les *tortellini* à la crème et au jambon – car je trouve qu'elle donne un peu le même goût à toutes les sauces. Le vin et le vinaigre ont aussi leur importance, tout comme les excellents fromages d'Italie – le parmesan et le *grana padano*, le *fontina*, le gorgonzola, le *pecorino*, la mozzarella et le *taleggio*.

- Le mauvais usage de certaines herbes est souvent la cause de sauces ratées. Les Italiens n'emploient pas les herbes à tout va, mais simplement lorsqu'un plat le réclame. Les feuilles de céleri, le basilic, le persil (plat), la ciboulette, le cerfeuil, le romarin, l'origan frais (très fort), la menthe, la roquette et les piments sont souvent utilisés, mais avec précaution.

Quels que soient vos choix, souvenez-vous qu'en Italie, « plus c'est simple, meilleur c'est ! »

CUIRE ET MANGER DES PÂTES

- La casserole contenant l'eau des pâtes doit être haute et large.
- Comptez 1 litre d'eau pour 100 g de pâtes.
- Pour un petit appétit, prévoyez 50 g de pâtes par personne, 70 à 80 g pour un appétit normal et 100 à 110 g pour un gros appétit.
- Ajoutez 10 g de sel par litre d'eau juste avant l'ébullition.
- Plongez les pâtes dans l'eau bouillante et remuez au bout de 20 à 30 secondes.
- N'ajoutez pas d'huile, sauf si vous cuisinez des feuilles de pâtes comme les lasagne.
- Laissez cuire 2 ou 3 minutes pour des pâtes fraîches maison et jusqu'à 20 minutes pour certaines pâtes sèches sans œuf (suivez les instructions figurant sur le paquet).
- Pour des soupes ou des *minestrone*, plongez directement les pâtes dans le bouillon.
- Goûtez une pâte en fin de cuisson pour vérifier qu'elle vous convient. Les Italiens les aiment cuites mais avec une légère résistance à la dent (*al dente*).
- Préparez la sauce parallèlement et versez-en quelques cuillerées à soupe dans un bol.
- Égouttez les pâtes, sans les rincer sous l'eau froide, et mélangez-les avec la sauce réservée. (Si elle semble trop épaisse, ajoutez donc quelques cuillerées à soupe de l'eau de cuisson des pâtes.)
- Répartissez les pâtes dans des assiettes chaudes et arrosez de sauce. Attention ! Les pâtes ne doivent pas nager dans la sauce.
- Si nécessaire, ajoutez du parmesan ou du *pecorino* fraîchement râpé. Les pâtes agrémentées d'une sauce au poisson sont meilleures si vous les mélangez avec la sauce dans la casserole et que vous évitez le fromage.
- Servez les pâtes bien chaudes. Pour déguster, aidez-vous d'une fourchette si ce sont des pâtes longues : décollez-en quelques unes de l'assiette, « coincez » la fourchette verticalement au milieu du petit tas de pâtes et commencez à enrouler. Les bouchées seront ainsi plus raisonnables. Évitez bien sûr d'« aspirer » les longues pâtes (même si c'est autorisé pour les bébés). Seules les pâtes épaisses nécessitent l'emploi d'une cuillère. Tel est le b.a.-ba de la dégustation !

Spaghetti aglio, olio e peperoncino

SPAGHETTI À L'AIL, À L'HUILE ET AU PIMENT

Voici probablement l'une des recettes les plus populaires auprès des Italiens de souche. Ils aiment la déguster à tout moment mais plus encore lorsqu'ils rentrent chez eux un peu tard et affamés. Six ou sept minutes suffisent pour cuire les pâtes, tandis que la « sauce » est prête en moins de trois minutes. Il est même inutile d'ajouter du parmesan, ces pâtes sont meilleures sans.

POUR 2 PERSONNES • PRÉPARATION : 5 MIN • CUISSON : 10 MIN ENVIRON

Sel
180 g de *spaghetti*

SAUCE
2 gousses d'ail, pelées et émincées
1 petit piment rouge, émincé
6 cuill. à soupe d'huile d'olive

Remplissez une casserole d'eau, portez à ébullition, ajoutez du sel et plongez-y les pâtes. Remuez, puis laissez cuire pendant 5 ou 6 minutes, jusqu'à ce qu'elles soient *al dente*.

Pendant que les pâtes cuisent, préparez la sauce en faisant chauffer l'huile d'olive à feu doux dans une sauteuse. Ajoutez l'ail et le piment et faites revenir pendant quelques secondes, jusqu'à ce que l'ail commence à changer de couleur. Veillez toutefois à ne pas le laisser brûler.

Une fois *al dente*, égouttez les pâtes et transférez-les dans la sauteuse contenant la sauce, ajoutez un peu de sel et éventuellement 1 ou 2 cuillerées à soupe de l'eau de cuisson des pâtes. Remuez bien et servez

VARIANTE PLUS ORIGINALE

Si vous trouvez cette recette trop simple, rehaussez sa saveur en l'agrémentant de quelques filets d'anchois que vous ferez revenir dans l'huile avec l'ail et le piment. Si vous aimez, vous pouvez également ajouter une cuillerée à café de minuscules câpres ou des olives vertes coupées en petits dés. Vous pouvez aussi, avant de servir, parsemer les assiettes de *bottarga* (spécialité à base d'œufs séchés et salés de thon ou de mulet).

Trofie al pesto genovese

TROFIE AU PESTO

Cette recette au *pesto*, originaire du nord de la Ligurie, se prépare avec de nombreux types de pâtes, comme les *trenette* (similaires aux *linguine*) ou les *manilli de sea* (pâtes plates faites maison, telles que des feuilles de lasagne), ainsi qu'avec des *gnocchi*. J'ai choisi ici des *trofie*, pâtes en forme de bâtonnet entortillé.

POUR 4 PERSONNES • PRÉPARATION : 10 MIN • CUISSON : 10 À 15 MIN

Trofie sèches
Sel

SAUCE AU *PESTO*
1 bouquet de feuilles de basilic
1 gousse d'ail, pelée et émincée
30 g de pignons de pin
Sel
5 cl environ d'huile d'olive
60 g de parmesan ou de *pecorino*, fraîchement râpé

Faites cuire les pâtes dans une grande casserole remplie d'eau bouillante salée pendant 8 ou 9 minutes, jusqu'à ce qu'elles soient *al dente*. Égouttez bien et réservez un peu de l'eau de cuisson.

Pour la sauce, ciselez grossièrement les feuilles de basilic et mettez-les dans un mixeur. Ajoutez l'ail, les pignons et une bonne pincée de sel, puis mixez le tout en versant l'huile d'olive en une fois. Si le mélange semble rester un peu épais au bout de quelques secondes, ajoutez le fromage et un peu plus d'huile pour rendre le *pesto* plus onctueux.

Dans une casserole, faites chauffer le *pesto* à feu doux. Incorporez les pâtes, ajoutez 4 cuillerées à soupe environ de l'eau de cuisson réservée et mélangez bien. Servez immédiatement en agrémentant éventuellement d'un peu plus de fromage râpé.

RESTES

Voici une sauce au *pesto* classique qui peut agrémenter de nombreux plats. Lorsque vous la préparez, multipliez les quantités par deux et utilisez les restes pour accompagner des *gnocchi*, rehausser la saveur d'un *minestrone* ou tartiner des *crostini* (tranches de pain grillé). Le *pesto* se garde plusieurs jours au réfrigérateur.

Spaghettini al pomodoro e basilico

SPAGHETTINI À LA TOMATE ET AU BASILIC

Prête en quelques minutes, cette sauce tomate simple est idéale pour les gourmands pressés. Elle se prépare avec des *pomodorini* (tomates cerises) – bien que vous puissiez les remplacer par des tomates ordinaires très mûres coupées en morceaux ou des tomates en morceaux en conserve. Je n'ajoute volontairement pas de parmesan à ce plat car j'aime le goût naturel de la tomate ; si vous le souhaitez, vous pouvez en râper un peu sur les pâtes avant de servir.

POUR 1 PERSONNE • PRÉPARATION : 10 MIN • CUISSON : 12 OU 13 MIN

100 g de *spaghettini*
Sel et poivre du moulin
Huile d'olive vierge extra

SAUCE
1 gousse d'ail, pelée et tranchée
2 cuill. à soupe d'huile d'olive
100 g de *pomodorini*, coupées en morceaux
5 feuilles de basilic, hachées

Pour la sauce, faites ramollir l'ail dans l'huile pendant 2 minutes environ, sans le laisser brunir. Ajoutez les tomates et le basilic et prolongez la cuisson de quelques minutes. Assaisonnez si besoin.

Faites cuire les pâtes dans une grande casserole remplie d'eau salée pendant 5 ou 6 minutes, jusqu'à ce qu'elles soient *al dente*, puis égouttez-les. Incorporez-les à la sauce, mélangez bien et servez, arrosé d'un filet d'huile d'olive vierge extra.

Tagliolini con burro al tartufo

TAGLIOLINI AU BEURRE DE TRUFFE

J'ai été « élevé aux truffes », non pas parce que ma famille était riche, mais parce que mon père avait un ami *trifolau* : son métier consistait à dénicher le précieux champignon, aidé de ses chiens (j'ai maintenant mon propre chien à Asti, Sandrino). Lorsque, très rarement, nous disposions d'une truffe, ma mère préparait des *tagliolini* aux œufs frais, la plus fine des *tagliatelle*. Cette recette, financièrement raisonnable, me rappelle celle de ma mère.

POUR 4 PERSONNES • PRÉPARATION : 5 MIN • CUISSON : 2 À 4 MIN POUR DES PÂTES FRAÎCHES

400 g de *tagliolini* frais ou secs aux œufs
Sel

SAUCE
100 g de beurre de truffe (en vente dans les épiceries fines)
60 g de parmesan, fraîchement râpé

Faites cuire les pâtes dans un grand volume d'eau bouillante salée, jusqu'à ce qu'elles soient *al dente* : de 2 à 4 minutes pour des pâtes fraîches ; pour les pâtes sèches, suivez les instructions figurant sur le paquet. Une fois les pâtes cuites, égouttez-les en réservant 6 cuillerées à soupe d'eau de cuisson.

Faites fondre le beurre de truffe dans une poêle, puis ajoutez l'eau de cuisson des pâtes réservée pour le rendre plus onctueux. Incorporez les pâtes égouttées et le parmesan au beurre de truffe et remuez pour bien mélanger le tout. Servez chaud.

VARIANTE PLUS ORIGINALE

Si vous avec la chance d'en avoir, agrémentez les pâtes de 50 g de truffe blanche fraîche d'Alba pour les rendre plus savoureuses encore. La truffe noire du Périgord n'est pas adaptée à ce plat mais vous pouvez la mélanger au beurre pour en rehausser la saveur.

Tagliatelle con cavolo e cipolla

TAGLIATELLE AU CHOU ET À L'OIGNON

Il s'agit probablement du plat le moins coûteux de ce livre et il est, en outre, extrêmement facile à préparer et très bon. Il est originaire de la partie tyrolienne de l'Italie, à la frontière avec l'Autriche, où l'on trouve beaucoup de recettes ayant « survécu » aux années de l'Empire austro-hongrois. J'ai eu le plaisir de déguster ce plat tout simple à Vienne pour le Nouvel An. On peut le préparer avec de l'huile d'olive mais je le préfère avec du saindoux, même s'il n'est alors plus végétarien.

POUR 4 PERSONNES • PRÉPARATION : 15 MIN • CUISSON : 45 À 50 MIN

Sel et poivre du moulin
250 g de *tagliatelle* sèches aux œufs, larges, cassées en petits morceaux

SAUCE
8 cuill. à soupe d'huile d'olive ou 60 g de saindoux
200 g d'oignons blancs, pelés et émincés
600 g de chou blanc, coupé en petits morceaux
15 cl d'eau
50 g de sucre en poudre
Quelques gouttes de vinaigre de vin blanc

Pour préparer la sauce, faites chauffer l'huile d'olive ou le saindoux dans une grande casserole à feu doux et faites-y ramollir l'oignon pendant 6 à 7 minutes. Ajoutez le chou et l'eau et laissez mijoter à feu doux à couvert pendant encore 20 à 30 minutes, jusqu'à ce que le chou soit tendre.

Ôtez le couvercle de la casserole et versez le sucre. Faites cuire à feu doux jusqu'à ce qu'il ait fondu, sans cesser de remuer. Il caramélisera alors et commencera à brunir. Ajoutez un peu de sel et le vinaigre. Le mélange doit être sec.

Dans une casserole d'eau bouillante salée, faites cuire les pâtes jusqu'à ce qu'elles soient *al dente*, probablement 10 minutes environ, mais suivez les instructions figurant sur le paquet. Égouttez bien.

Mélangez-les à la sauce et servez copieusement, assaisonné de poivre.

Rigatoni alla giardiniera con polpettine di spinaci

RIGATONI À LA SAUCE À LA COURGETTE ET BOULETTES D'ÉPINARDS

Voici une recette que j'ai imaginée pour les Carluccio's Caffès. Elle figure toujours sur la carte et à chaque fois que quelqu'un la commande, de l'argent est versé à des associations caritatives. Elle s'est révélée si appréciée que les Carluccio's Caffès ont pu récolter 70 000 £ en trois mois à peine !

POUR 4 PERSONNES • PRÉPARATION : 15 MIN • CUISSON : 12 À 15 MIN

Boulettes d'épinards (voir page 24)
400 g de *rigatoni*
Sel et poivre du moulin

SAUCE
2 gousses d'ail, pelées et émincées
1 piment, émincé
8 cuill. à soupe d'huile d'olive
2 courgettes, finement râpées
60 g de parmesan, fraîchement râpé

Préparez les boulettes d'épinards à l'avance et gardez-les au chaud dans un four à très basse température.

Dans une casserole d'eau bouillante salée, faites cuire les pâtes pendant 8 à 10 minutes, jusqu'à ce qu'elles soient *al dente*. Égouttez en réservant quelques cuillerées à soupe de l'eau de cuisson.

Pendant ce temps, préparez la sauce. Faites revenir l'ail et le piment dans l'huile pendant une minute environ – sans laisser roussir l'ail –, puis ajoutez les courgettes et prolongez la cuisson de 3 à 4 minutes, jusqu'à ce que les courgettes commencent à ramollir.

Incorporez le parmesan à la sauce, assaisonnez à votre convenance et mélangez bien, puis incorporez délicatement les pâtes égouttées et l'eau de cuisson réservée. Servez chaud, garni des boulettes d'épinards chaudes.

Pappardelle con frittedda

PAPPARDELLE À LA SAUCE PRINTANIÈRE

Frittedda, en dialecte sicilien, désigne un ragoût d'asperges, d'oignons nouveaux, de petites fèves, de pois et d'artichauts, dont la saison se situe pour tous entre mars et avril. Ils permettent de préparer une excellente sauce pour les plus larges des pâtes « ruban », les *pappardelle*.

POUR 4 À 6 PERSONNES • PRÉPARATION : 20 MIN • CUISSON : 25 À 30 MIN

350 g de *pappardelle*
Sel et poivre du moulin
Parmesan fraîchement râpé (facultatif)

SAUCE
8 petits artichauts
300 g d'asperges
300 g de petits oignons blancs, pelés et tranchés finement
300 g de fèves tendres, écossées
200 g de petits pois du jardin tendres, écossés
6 cuill. à soupe d'huile d'olive
10 cl d'eau
3 cuill. à soupe de persil, ciselé grossièrement

Pour préparer la sauce, commencez par ôter les feuilles extérieures dures des artichauts et la base des tiges. À l'aide d'un couteau tranchant, coupez les pointes des feuilles, en ne gardant que les parties tendres. Coupez les cœurs en quartiers et enlevez tout le foin.

Réunissez tous les légumes dans une grande casserole avec de l'huile et de l'eau. Faites mijoter à feu doux pendant 20 minutes puis, après avoir vérifié la cuisson, salez et poivrez, avant d'ajouter le persil. Mélangez bien le tout.

Dans une casserole d'eau bouillante salée, faites cuire les pâtes pendant 7 ou 8 minutes, jusqu'à ce qu'elles soient *al dente*. Égouttez et mélangez avec la sauce. Saupoudrez éventuellement de parmesan et servez.

Pasta imbottita con vegetali al forno

GRATIN DE PÂTES AUX LÉGUMES

Il n'y a pas très longtemps, j'ai eu la chance de préparer un plat pour un documentaire de la chaîne de télévision BBC sur le prince sicilien Tomasi di Lampedusa (fameux auteur de *Il Gattopardo* ou *Le Léopard*). Cette recette « historique » s'est révélée être un triomphe mais n'était pas adaptée à ce livre. Je l'ai donc remplacée par ce plat de pâtes qui requiert un peu de temps et doit être réservé aux fêtes et occasions spéciales. Pour vous faciliter la vie, préparez-le la veille.

POUR 8 À 10 PERSONNES • PRÉPARATION : 30 MIN (+ BOULETTES D'ÉPINARDS) • CUISSON : 1 H 25 ENVIRON • REPOS (AVANT DE SERVIR) : 10 À 15 MIN

600 g de gros *rigatoni*
Sel et poivre du moulin

SAUCE TOMATE

2 gros oignons, pelés et émincés
10 cl d'huile d'olive
1,5 kg de pulpe de tomate (*polpa di pomodoro*) ou de tomates en morceaux en conserve
10 feuilles de basilic, hachées

GARNITURE

2 aubergines, coupées dans le sens de la longueur en tranches de 8 mm d'épaisseur
2 courgettes, coupées dans le sens de la longueur en tranches de 8 mm d'épaisseur
Farine ordinaire, pour saupoudrer
6 œufs
Huile d'olive, pour frire
Boulettes d'épinards (voir page 24)
8 courgettes naines entières, extrémités coupées
2 bulbes de fenouil, extrémités coupées
600 g de fromage fondant, tel que *fontina*, *bel paese*, *taleggio*, coupé en petits morceaux
200 g de parmesan, fraîchement râpé

Commencez par préparer la sauce tomate en faisant ramollir l'oignon dans l'huile pendant 5 ou 6 minutes. Ajoutez la tomate et le basilic et laissez mijoter à feu doux pendant 20 à 30 minutes. Salez et réservez.

Pour la garniture, saupoudrez les tranches d'aubergine et de courgette de farine. Battez 4 œufs ensemble et plongez-y les tranches de légumes. Versez suffisamment d'huile d'olive dans une grande poêle pour en couvrir généreusement le fond et faites chauffer à feu doux. Faites revenir les tranches de légumes en plusieurs fois, jusqu'à ce qu'elles soient dorées, 3 ou 4 minutes de chaque côté. Réservez les légumes et l'huile. Si vous ne les avez pas déjà cuites, vous pouvez aussi cuire les boulettes d'épinards dans cette huile.

Pendant ce temps, faites bouillir les courgettes naines et les bulbes de fenouil dans de l'eau légèrement salée pendant 6 ou 7 minutes, jusqu'à ce qu'ils soient *al dente*. Égouttez bien et coupez en tranches.

Faites cuire les pâtes dans un grand volume d'eau salée pendant 5 ou 6 minutes, jusqu'à ce qu'elles soient *al dente*. Égouttez et mélangez avec un peu de sauce tomate. Préchauffez le four à 200 °C (th. 6-7).

Réunissez maintenant tous les ingrédients dans un plat allant au four. Commencez par disposer une couche de pâtes au fond du plat, puis recouvrez-la de tranches d'aubergine et de courgette, de tranches de fenouil, des courgettes naines entières et de quelques boulettes d'épinards. Parsemez de morceaux de fromage, sauce tomate et parmesan râpé. Formez plusieurs couches selon la taille du plat et terminez par une couche de sauce tomate garnie de morceaux de fromage, boulettes d'épinards et du reste de parmesan.

Enfournez pour 30 à 40 minutes. Laissez reposer de 10 à 15 minutes avant de servir. Un véritable régal…

Tagliatelle con funghi

TAGLIATELLE AUX CHAMPIGNONS

Quand j'évoque les champignons, il s'agit de *porcini* (cèpes), dans l'idéal frais. Il est toutefois possible d'obtenir de bons résultats en mélangeant des chanterelles, des pleurotes, des champignons des champs et des *porcini* séchés (pour leur goût caractéristique). Les *tagliatelle* peuvent être avec ou sans œufs, fraîches (si possible faites maison) ou sèches.

POUR 4 PERSONNES • PRÉPARATION : 15 MIN • CUISSON : 25 À 30 MIN

400 g de *tagliatelle*
Sel et poivre du moulin
60 g de parmesan, fraîchement râpé

SAUCE
6 cuill. à soupe d'huile d'olive
1 gros oignon, pelé et émincé
1 gousse d'ail, pelée et émincée
400 g de champignons frais mélangés, nettoyés et tranchés
50 g de *porcini* séchés (cèpes), réhydratés (voir page 102) et coupés en morceaux
50 g de beurre doux
2 cuill. à soupe de persil plat, ciselé finement

Pour la sauce, faites chauffer l'huile d'olive dans une grande poêle, puis revenir l'oignon et l'ail pendant 6 minutes environ, jusqu'à ce qu'ils commencent à ramollir. Ajoutez les champignons frais et prolongez la cuisson de 10 à 15 minutes. Versez les *porcini* coupés en morceaux et un peu de leur eau de trempage pour plus d'onctuosité. Ajoutez en remuant le beurre et le persil et assaisonnez à votre convenance.

Faites cuire les pâtes dans un grand volume d'eau bouillante salée pendant 6 ou 7 minutes, jusqu'à ce qu'elles soient *al dente*. Égouttez et mélangez bien avec la sauce. Servez dans des assiettes chaudes, saupoudré de parmesan.

gnocchetti sardi al ragù di agnello

GNOCCHETTI SARDI À LA SAUCE À L'AGNEAU

Condamnés à l'isolement pendant des siècles en raison des invasions, les Sardes vécurent principalement à l'intérieur des terres. Ils développèrent ainsi un goût prononcé pour la viande et le gibier. De nombreux types de pâtes et de pains sont également propres à la Sardaigne. Les *gnocchetti sardi* ou *malloreddus* (« petits taureaux »), comme les nomment les Sardes, sont de délicieuses pâtes, qui s'accommodent particulièrement bien avec des sauces à la viande et à la tomate. On en trouve en sachet dans les épiceries fines.

POUR 4 À 6 PERSONNES • PRÉPARATION : 10 MIN • CUISSON : 2 H 30 À 3 H

400 g de *gnocchetti sardi*
Sel et poivre du moulin
80 g de vieux *pecorino*, râpé

SAUCE
5 cuill. à soupe d'huile d'olive
1 gros oignon, pelé et émincé
600 g de gigot d'agneau avec os ou de tranches d'ossobuco
10 cl de vin blanc sec
Suffisamment de pulpe de tomate (*polpa di pomodoro*) pour recouvrir la viande, ou tomates en morceaux en conserve
2 ou 3 feuilles de laurier
Quelques brins de romarin

Pour la sauce, faites chauffer l'huile dans une casserole et faites-y ramollir l'oignon à feu doux pendant 6 ou 7 minutes, puis ajoutez la viande et remuez pour qu'elle roussisse bien de tous les côtés. Versez le vin et poursuivez la cuisson pendant quelques minutes pour que l'alcool s'évapore. Incorporez la tomate et les herbes, couvrez et laissez mijoter lentement pendant 2 à 3 heures. Vérifiez la cuisson de temps en temps et ajoutez un peu d'eau si la préparation semble trop épaisse.

Retirez la viande de la casserole et enlevez l'os. Coupez la viande en petits morceaux et remettez-les dans la sauce. Assaisonnez à votre convenance et ajoutez 2 ou 3 cuillerées de l'eau de cuisson des pâtes pour plus d'onctuosité.

Faites cuire les pâtes dans un grand volume d'eau bouillante salée pendant 8 ou 9 minutes, jusqu'à ce qu'elles soient *al dente*. Égouttez-les et transférez-les dans un grand saladier avec la moitié de la sauce. Mélangez bien, répartissez dans les assiettes, arrosez d'un peu plus de sauce et saupoudrez de *pecorino* râpé.

Tagliolini con frattaglie di pollo

TAGLIOLINI AUX ABATS DE POULET

Lorsque vous achetez un poulet en Italie, il n'est pas vidé et contient les abats, savoureux et très utiles. Avec le foie, le gésier, le cœur et parfois le cou, vous pouvez préparer une excellente sauce.

POUR 4 PERSONNES • PRÉPARATION : 15 MIN • CUISSON : 15 À 20 MIN

400 g de *tagliolini* aux œufs frais ou secs
Sel et poivre du moulin
60 g de parmesan, fraîchement râpé

SAUCE
300 g d'abats de poulet
1 gros oignon, pelé et émincé
4 cuill. à soupe d'huile d'olive
30 g de *porcini* séchés (cèpes), réhydratés (voir page 102) et émincés
4 cuill. à soupe de vin blanc
30 g de beurre doux

Pour la sauce, coupez le gésier en fines tranches et le foie et le cœur en petits morceaux. Gardez le cou entier, il servira à parfumer la sauce.

Faites ramollir l'oignon dans l'huile pendant 5 ou 6 minutes, puis ajoutez les abats et laissez cuire 5 minutes en remuant. Ajoutez les *porcini* et prolongez la cuisson de quelques minutes. Versez le vin, laissez cuire encore une minute, assaisonnez, puis ajoutez un peu de l'eau de trempage des champignons, jusqu'à obtention d'un mélange ayant la consistance d'une sauce.

Faites cuire les pâtes dans un grand volume d'eau bouillante salée jusqu'à ce qu'elles soient *al dente*, généralement 3 minutes environ si elles sont fraîches et 4 ou 5 minutes si elles sont sèches. Égouttez en réservant un peu d'eau de cuisson.

Incorporez le beurre à la sauce, réchauffez et versez sur les pâtes. Si la sauce semble un peu épaisse, ajoutez 2 cuillerées à soupe d'eau de cuisson réservée. Répartissez les pâtes dans les assiettes, saupoudrez de parmesan et servez.

VARIANTE PLUS ORIGINALE

Si vous avez la chance d'être l'heureux propriétaire d'une truffe blanche d'Alba, garnissez chaque assiette de pâtes de quelques tranches de truffe pour donner à ce plat une saveur toute particulière.

Bigoli in salsa di cipolle e acciughe

BIGOLI À LA SAUCE À L'OIGNON ET AUX ANCHOIS

Voici une spécialité vénétienne très facile à préparer. Les Vénétiens continuent à fabriquer leurs pâtes à la main en s'aidant d'un petit ustensile – un *torcolo* – muni d'une cavité à travers laquelle sont poussées les pâtes. Ils obtiennent ainsi des *spaghetti* épais de 4 millimètres de diamètre et sans trou. Ils peuvent être remplacés par des *bucatini*, de la même taille mais avec un petit trou à l'intérieur.

POUR 4 PERSONNES • PRÉPARATION : 5 MIN • CUISSON : 15 MIN

400 g de *bigoli* ou *bucatini*
Sel et poivre du moulin

SAUCE
600 g d'oignons, pelés et émincés
6 cuill. à soupe d'huile d'olive
40 g de filets d'anchois à l'huile

Pour la sauce, faites ramollir les oignons pendant 6 ou 7 minutes dans une poêle avec l'huile d'olive, puis ajoutez les anchois en remuant rapidement pour qu'ils s'émiettent.

Faites cuire les pâtes dans un grand volume d'eau bouillante salée pendant 8 ou 9 minutes, jusqu'à ce qu'elles soient *al dente*. Égouttez et incorporez à la sauce. Salez un peu et poivrez abondamment. Mélangez bien et servez chaud.

VARIANTE PLUS ORIGINALE

Si vous êtes gourmand et que vous voulez donner un peu plus de substance à cette sauce, ajoutez 150 g de miettes de thon à l'huile égouttées.

Spaghetti alla carrettiera

SPAGHETTI À LA MODE DU CHARRETIER

Cette recette remonte à l'époque où les fermiers de la campagne venaient en ville dans des charrettes tirées par des chevaux et des ânes. Le conducteur avait l'habitude de se concocter un plat inhabituel et extrêmement savoureux lorsqu'il atteignait sa destination.

POUR 2 PERSONNES • PRÉPARATION : 10 MIN • CUISSON : 25 MIN ENVIRON

200 g de *spaghetti*
Sel et poivre du moulin

SAUCE
1 petit oignon, pelé et émincé
4 cuill. à soupe d'huile d'olive
2 tomates mûres, tranchées finement
25 g de *porcini* séchés (cèpes), réhydratés (voir page 102) et tranchés finement
100 g de thon à l'huile en conserve, égoutté

Pour la sauce, faites ramollir l'oignon dans une poêle avec l'huile d'olive pendant 5 ou 6 minutes, puis ajoutez les tomates et laissez cuire 15 minutes. Ajoutez les tranches de *porcini* et un peu de leur liquide de trempage, ainsi que le thon et du sel et du poivre à votre convenance.

Faites cuire les pâtes dans un grand volume d'eau bouillante salée pendant 5 ou 6 minutes, jusqu'à ce qu'elles soient *al dente*. Égouttez, mélangez avec la sauce et servez immédiatement.

Capelli d'angelo neri con capesante e gamberetti

CHEVEUX D'ANGE AUX SAINT-JACQUES ET AUX CREVETTES

J'ai eu la chance de trouver en Italie de petits *spaghettini* noirs, presque aussi fins que les cheveux d'ange. Ces pâtes, caractéristiques de Venise, sont agrémentées d'encre noire de seiche. Si vous n'en trouvez pas, vous pouvez les remplacer par des *tagliatelle* noires ou acheter des *spaghettini* normaux et ajouter vous-même l'encre noire (que l'on trouve assez facilement dans les épiceries fines).

POUR 4 PERSONNES • PRÉPARATION : 15 MIN • CUISSON : 6 À 7 MIN

400 g de *spaghettini* ou *tagliatelle* noirs
Sel et poivre du moulin
Un peu d'huile d'olive vierge extra

SAUCE
4 cuill. à soupe d'huile d'olive
2 gousses d'ail, pelées et émincées
1 petit piment rouge, émincé
8 grosses saint-jacques avec corail
200 g de crevettes roses cuites, décortiquées
5 cl de vin blanc sec
2 cuill. à soupe de persil plat, ciselé grossièrement

Faites cuire les pâtes pendant 4 ou 5 minutes dans un grand volume d'eau bouillante salée, jusqu'à ce qu'elles soient *al dente*. Pendant ce temps, préparez la sauce.

Réunissez l'huile d'olive, l'ail et le piment dans une grande poêle et faites revenir le tout brièvement, jusqu'à ce que l'ail ramollisse. Ajoutez les saint-jacques, les crevettes et le vin et poursuivez la cuisson 2 minutes. Parsemez de persil, salez et poivrez.

Égouttez les pâtes, incorporez-les à la sauce, mélangez bien et répartissez dans les assiettes en arrosant d'un filet d'huile d'olive vierge extra avant de servir.

Linguine vongole e cozze

LINGUINE AUX CREVETTES ET AUX MOULES

Ce plat est proposé dans tous les villages et villes côtières d'Italie, et surtout dans la lagune de Venise. La sauce existe sous deux variantes : *in rosso* (avec tomate) ou *in bianco* (sans tomate). Je préfère la seconde, décrite ici, car elle permet de mieux apprécier le goût des fruits de mer.

POUR 4 PERSONNES • PRÉPARATION : 15 MIN + NETTOYAGE DES FRUITS DE MER • CUISSON : 20 MIN ENVIRON

400 g de *linguine*
Sel et poivre du moulin
1 bouquet de persil plat, ciselé finement
Huile d'olive vierge extra

SAUCE
1 kg de moules, nettoyées (voir page 58)
1 kg de petites palourdes, nettoyées (voir page 58)
6 cuill. à soupe d'huile d'olive
10 cl de vin blanc sec
2 gousses d'ail, pelées et coupées en petits dés
1 petit piment rouge (facultatif), émincé

Pour la sauce, versez les coquillages dans une grande casserole avec l'huile, le vin, l'ail et le piment. Couvrez et portez à ébullition, laissez cuire 10 minutes, puis retirez du feu. Éliminez toutes les moules qui ne se sont pas ouvertes. Ôtez les moules des coquilles (gardez-en quelques-unes pour la garniture) et réservez.

Dans la même casserole, préparez la sauce avec l'huile, le vin, le jus des fruits de mer, l'ail et éventuellement le piment. Gardez au chaud.

Dans une autre casserole, faites cuire les pâtes pendant 6 ou 7 minutes dans un grand volume d'eau bouillante salée, jusqu'à ce qu'elles soient *al dente*. Égouttez et incorporez à la sauce. Salez un peu, poivrez beaucoup, parsemez de persil et ajoutez les fruits de mer. Servez les pâtes arrosées de quelques gouttes d'huile d'olive vierge extra et garnies de quelques moules réservées.

PÂTES AUX FRUITS DE MER ET AU FROMAGE

Avec des pâtes aux fruits de mer, les Italiens n'utilisent que du fromage fondu ou grillé – par exemple cuit sous le gril du four avec du homard ou du crabe. Ils considèrent, en effet, que le fromage non cuit gâte la saveur fraîche de la mer.

orecchiette baresi con broccoli e cozze

ORECCHIETTE AUX BROCOLIS ET AUX MOULES

Voici un plat côtier de Bari, typique des Pouilles, à l'origine accompagné de *cime di rape*, légume italien de la famille des brocolis. On en trouve difficilement ailleurs qu'en Italie et le plus simple est de le remplacer par des petits morceaux de brocoli calabrais ou de brocoli pourpre. Des *gnocchetti sardi* ou des *penne* peuvent aussi se substituer aux *orrechiette*.

POUR 4 À 6 PERSONNES • PRÉPARATION : 15 MIN + NETTOYAGE DES MOULES • CUISSON : 30 MIN ENVIRON

350 g d'*orecchiette pugliesi*
Sel et poivre du moulin

SAUCE
300 g de brocolis, coupés en petits morceaux
6 cuill. à soupe d'huile d'olive
2 gousses d'ail, pelées et tranchées finement
1 petit piment, émincé
200 g de tomates cerises, coupées en deux
800 g de moules, nettoyées (voir page 58)

Pour la sauce, faites cuire les brocolis pendant 8 ou 9 minutes dans l'eau bouillante salée, jusqu'à ce qu'ils soient *al dente*. Égouttez.

Dans une grande sauteuse munie d'un couvercle, faites revenir l'ail, le piment et les tomates dans l'huile d'olive chaude. Au bout de quelques minutes, une fois l'ail ramolli, versez les moules et couvrez. Poursuivez la cuisson jusqu'à l'ouverture des moules, soit 10 minutes environ. Éliminez toutes les moules restées fermées, détachez les autres de leur coquille et remettez-les dans la sauce. Laissez-en juste quelque unes avec leur coquille, pour la décoration.

Ajoutez les brocolis cuits et augmentez le feu, afin qu'ils s'imprègnent des saveurs.

Faites cuire les pâtes pendant 10 à 12 minutes dans un grand volume d'eau bouillante salée, jusqu'à ce qu'elles soient *al dente*. Égouttez et mélangez avec la sauce. Salez un peu et poivrez abondamment, puis servez dans des assiettes creuses.

gnocchi, polenta e riso

GNOCCHI, POLENTA ET RIZ

Les pâtes et le pain sont les principaux féculents de la cuisine italienne, suivis de peu par les *gnocchi*, la polenta et le riz. Les *gnocchi* sont des sortes de quenelle généralement à base de pomme de terre ; la polenta est réalisée avec plusieurs céréales et légumes secs ; le riz est à la base de l'un des plats italiens les plus fameux, le risotto.

Tous trois peuvent être présentés et parfumés de différentes manières, permettant de varier les plaisirs de la cuisine italienne.

LES GNOCCHI

Il existe une grande variété de *gnocchi* mais les plus simples et les plus courants sont ceux à base de purée de pommes de terre et de farine.

Pour quatre personnes, faites cuire 400 g de pommes de terre farineuses et écrasez-les en purée, puis ajoutez 100 g de farine ordinaire et un œuf. Avec vos mains, façonnez ce mélange en petites quenelles de 3 cm de long environ, puis formez des striures sur le dessus à l'aide d'une fourchette, afin de favoriser la pénétration de la sauce. Plongez les *gnocchi* dans l'eau bouillante salée, ils remonteront à la surface au bout de quelques secondes. Sortez-les de l'eau à l'aide d'une écumoire et servez immédiatement, accompagné de la sauce de votre choix.

Pour obtenir des *gnocchi* verts, ajoutez un peu d'épinards cuits, bien égouttés et émincés très finement. Il existe également des *gnocchi alla romana*, à base de semoule ou de polenta. Ils sont bouillis dans du lait, mélangés avec un œuf et de la noix de muscade, puis coupés et disposés en couches dans un plat pour être cuits au four avec du beurre et du parmesan.

Gnocchi di patate al gorgonzola

GNOCCHI AU GORGONZOLA

Les *gnocchi* sont très appétissants. Légers et moelleux, peu importe combien vous en avez dans votre assiette – vous les avalerez tous. Gardez en tête que les pommes de terre doivent être fraîches et non cuites à l'avance ; sinon, elles risquent d'alourdir les *gnocchi* et de les rendre caoutchouteux.

POUR 4 PERSONNES • PRÉPARATION : 5 MIN (+ RÉALISATION DES GNOCCHI) • CUISSON : 5 À 10 MIN

Gnocchi de pomme de terre (voir ci-contre)
Sel et poivre du moulin
60 g de parmesan, fraîchement râpé

SAUCE
60 g de beurre doux
50 g de gorgonzola ou de *dolcelatte* (fromage bleu au lait de vache), coupé en morceaux
Un petit peu de crème fraîche épaisse, au besoin

Préparez les *gnocchi* en suivant la recette ci-contre.

Pour la sauce, faites fondre le beurre dans une casserole et ajoutez le gorgonzola ou le *dolcelatte*. Écrasez grossièrement le fromage à la fourchette et ajoutez suffisamment de crème pour donner à la sauce une consistance lisse et riche.

Incorporez les *gnocchi* à la sauce, assaisonnez et saupoudrez de parmesan. Servez immédiatement.

VARIANTE PLUS ORIGINALE

Lavez et séchez quelques jeunes pousses d'épinards (10 environ par personne). Mettez-les dans une casserole avec une cuillerée à soupe d'eau et un filet d'huile d'olive, couvrez et faites cuire quelques secondes seulement, jusqu'à ce que les feuilles se flétrissent. Incorporez à la sauce en remuant.

Gnocchi verdi al pomodoro e mozzarella

GNOCCHI VERTS À LA TOMATE ET À LA MOZZARELLA

Ce plat simple et délicieux est aux couleurs de l'Italie : vert, rouge, blanc.

POUR 4 PERSONNES • PRÉPARATION : 25 MIN • CUISSON : 20 MIN (+ CUISSON DES GNOCCHI)

500 g de pommes de terre farineuses, écrasées en purée
110 g de farine ordinaire
200 g d'épinards, cuits, bien égouttés (voir page 24) et émincés très finement
1 œuf
Sel et poivre du moulin
40 g de parmesan, fraîchement râpé
150 g de mozzarella de bufflonne, coupée en petits dés

SAUCE TOMATE
1 gousse d'ail, pelée et émincée
6 cuill. à soupe d'huile d'olive
500 g de tomates en morceaux en conserve
6 feuilles de basilic

Préparez les *gnocchi* en mélangeant les pommes de terre, la farine, les épinards et l'œuf. Si la pâte semble trop humide, ajoutez un peu plus de farine. Assaisonnez légèrement.

Préparez la sauce tomate en faisant revenir l'ail pendant quelques minutes dans l'huile d'olive, jusqu'à ce qu'il ramollisse. Ajoutez les tomates, le basilic, salez, poivrez et faites cuire 20 minutes.

Faites cuire les *gnocchi* comme indiqué page 90. Égouttez-les, puis ajoutez la sauce, le parmesan, du poivre et mélangez bien.

Répartissez les *gnocchi* dans les assiettes, parsemez de mozzarella et décorez de feuilles de basilic avant de servir.

LA POLENTA

Le mot « polenta » désigne à la fois une farine de maïs ou de blé et les plats préparés avec cette farine. Le maïs a gagné l'Europe via l'Espagne, importé des Amériques suite aux grandes découvertes du XVIe siècle. Facile à cultiver et à récolter, il fut immédiatement adopté par les Italiens, surtout dans le nord où les conditions de croissance étaient optimales.

Considérée pendant plusieurs décennies comme un aliment synonyme de pauvreté et donc délaissée, la polenta fait aujourd'hui un « retour en force » dans les maisons comme dans les restaurants, où elle est agrémentée de sauces variées. Si sa cuisson demandait autrefois beaucoup de temps (une quarantaine de minutes sans cesser de remuer), il existe maintenant une polenta « rapide » qui ne requiert que 5 minutes de cuisson. Bien qu'elle ne soit, à mon avis, pas aussi savoureuse que l'originale, elle est tout à fait acceptable.

La polenta se marie avec les ragoûts et les plats en sauce, à base de poulet, lapin, saucisse, ou encore avec les champignons sauvages. Elle peut se déguster avec un peu de parmesan râpé et de beurre qui en modifient la texture, et être servie avec des rôtis, remplaçant ainsi la traditionnelle purée de pommes de terre. On peut aussi la cuire et la laisser se solidifier pour ensuite la couper en tranches, revenues à la poêle ou cuites au four pour accompagner viandes et légumes.

Polenta svelta con gamberetti

POLENTA RAPIDE AUX CREVETTES

Un plat délicieux et simple originaire de Venise, où les petites crevettes roses de la lagune ont vraiment un goût particulier.

POUR 4 PERSONNES • PRÉPARATION : 10 MIN • CUISSON : 15 MIN

1 l d'eau
Sel
200 g de polenta rapide
120 g de parmesan, fraîchement râpé
100 g de beurre doux

SAUCE
300 g de crevettes roses, décortiquées
50 g de beurre doux
Le jus de 2 citrons

Dans une casserole, portez l'eau à ébullition avec du sel et versez lentement la polenta, en remuant bien pour éviter la formation de grumeaux. Au bout de 5 minutes, ajoutez le parmesan et le beurre et mélangez.

Dans une autre casserole, faites revenir à feu doux les crevettes dans le beurre pendant 5 minutes, puis arrosez de jus de citron.

Répartissez la polenta sur des assiettes et garnissez de crevettes.

Croste di polenta con cicoria

POLENTA CROUSTILLANTE ET ENDIVES BRAISÉES

Ma grand-mère avait l'habitude de préparer un gros gâteau de maïs qu'elle faisait cuire au four en même temps que son pain. Cela donnait des morceaux de polenta croustillante que nous mangions avec des endives braisées.

POUR 6 PERSONNES • PRÉPARATION : 20 MIN • CUISSON : 35 À 40 MIN

200 g de polenta rapide
Sel et poivre du moulin
Huile d'olive
15 cl d'eau bouillante

ENDIVES BRAISÉES

6 cuill. à soupe d'huile d'olive
1/2 petit piment rouge frais, émincé
1 cuill. à soupe de câpres salées, trempées dans l'eau (voir page 34), égouttées et émincées
2 gousses d'ail, pelées et émincées
600 g d'endives, découpées grossièrement
30 cl d'eau
1 cube de bouillon de poulet

Versez la polenta dans un saladier, ajoutez une pincée de sel et de poivre, 2 cuillerées à soupe d'huile d'olive et mélangez bien. Arrosez d'eau bouillante et remuez pour former une pâte. Divisez-la en 6 morceaux et formez des galettes de la taille d'un hamburger.

Versez un peu d'huile d'olive dans une grande poêle et faites chauffer à feu doux. Déposez les galettes dans l'huile et laissez cuire pendant 8 minutes d'un côté, jusqu'à formation d'une croûte épaisse. Ajoutez un plus peu d'huile, retournez les galettes et répétez l'opération.

Pendant ce temps, réunissez l'huile d'olive, le piment, les câpres et l'ail dans une casserole et laissez cuire à feu doux et à couvert pendant 3 minutes. Ajoutez les endives et l'eau et émiettez le cube de bouillon dedans. Baissez le feu et faites cuire, à couvert, pendant 15 à 20 minutes, jusqu'à ce que les endives aient rendu beaucoup d'eau et soient tendres. Disposez la polenta et les endives sur des assiettes et arrosez d'un peu du jus de cuisson des endives.

RESTES

Ces galettes de polenta sont également très bonnes froides, encore plus croustillantes avec leur texture semblable à celle d'un biscuit. Dégustez-les, par exemple, en pique-nique avec des *zucchini e fagiolini alla menta* (voir page 18).

Polenta pasticciata con formaggio e pomodoro

POLENTA GRATINÉE AU FROMAGE ET AUX TOMATES

Voici un plat classique à préparer avec des restes de polenta. Comme la polenta froide se solidifie, vous pouvez l'émietter, la couper en tranches ou découper des formes que vous ferez ensuite frire à la poêle ou cuire au four. Pour ce plat, vous pouvez aussi employer de la polenta fraîche que vous laisserez refroidir.

POUR 6 PERSONNES • PRÉPARATION : 15 MIN (+ SAUCE TOMATE) • CUISSON : 30 MIN ENVIRON

800 g de polenta cuite et solidifiée, coupée en morceaux
Sauce tomate (voir page 69)
200 g de *taleggio* (fromage à pâte molle à base de lait de vache), coupé en morceaux
100 g de parmesan, fraîchement râpé
50 g de beurre doux

Préchauffez le four à 225 °C (th. 7).

Disposez des morceaux de polenta au fond d'un plat allant au four. Arrosez de sauce tomate, puis saupoudrez de *taleggio* et d'un peu de parmesan. Formez plusieurs couches similaires et terminez par de la sauce tomate. Saupoudrez du reste de *taleggio* et d'une pincée de parmesan.

Enfournez dans le four chaud et laissez cuire 30 minutes environ, jusqu'à ce qu'une belle croûte se soit formée et que le fromage ait fondu. Coupez le beurre en petits morceaux et parsemez-en le gratin. Servez immédiatement.

RESTES

S'il vous reste de la polenta, elle se solidifiera. Vous pourrez alors la couper en tranches que vous ferez frire ou griller pour accompagner un plat que vous aimez. Dans la vallée d'Aoste, la polenta se déguste coupée en morceaux dans du lait chaud et souvent sucrée.

Polenta concia con ragù di pollo e salsiccia

POLENTA ET RAGÙ DE POULET ET DE SAUCISSE

Je me souviens encore de Nina Burgai qui possédait un hôtel situé à 2 000 mètres d'altitude, uniquement accessible en funiculaire. Quelle que soit l'heure à laquelle j'arrivais, Nina me servait une polenta riche et délicieuse – voici la recette qu'elle m'a transmise.

POUR 4 PERSONNES • PRÉPARATION : 15 À 20 MIN • CUISSON : 30 MIN ENVIRON

1,5 l d'eau
Sel et poivre du moulin
300 g de polenta rapide
150 g de *fontina* (fromage à pâte pressée non cuite, comme le cantal), coupé en dés
150 g de beurre doux
150 g de parmesan, fraîchement râpé

RAGÙ DE POULET ET SAUCISSE
1 gros oignon, pelé et émincé
8 cuill. à soupe d'huile d'olive
400 g de blanc de poulet, coupé en morceaux
200 g de saucisse *luganica*, sans la peau, ou faite maison (voir page 114), coupée en petits morceaux
10 cl de vin blanc
800 g de tomates en morceaux en conserve

Portez l'eau à ébullition avec un peu de sel. Versez lentement la polenta et laissez cuire 5 ou 6 minutes en remuant, jusqu'à ce que la polenta devienne épaisse et lisse. Ajoutez les dés de *fontina*, le beurre et le parmesan et remuez pour mélanger.

Dans une autre casserole, faites ramollir l'oignon 5 minutes environ dans l'huile d'olive, puis ajoutez les morceaux de poulet et de saucisse. Laissez roussir légèrement, puis versez le vin, salez et poivrez. Prolongez la cuisson de 5 minutes, puis ajoutez les tomates et faites cuire jusqu'à ce que tout soit bien tendre, soit 20 minutes environ.

À l'aide d'une cuillère, déposez la polenta et le *ragù* sur la même assiette et régalez-vous !

LE RIZ

Le riz a fait son apparition en Italie il y a 400 ou 500 ans. Introduit par les Arabes, il est vite apparu comme une alternative bienvenue au blé utilisé pour le pain et les pâtes. On a bizarrement commencé à le cultiver dans le sud du pays, où l'eau n'était pas suffisante pour favoriser sa croissance. Depuis, la production s'est déplacée vers les régions du nord, comme le Piémont, la Lombardie et la Vénétie, où l'eau abondante des Alpes a créé des conditions de culture idéales.

À partir du « Japonica » (riz à grains ovales ou ronds), les Italiens ont développé le type de riz qu'ils voulaient pour les risottos : un riz capable d'absorber suffisamment d'eau en cuisant sans se désintégrer, tout en restant *al dente*. De nombreuses variétés de riz sont produites dans la vallée du Pô, de Vercelli dans le Piémont à Venise en Vénétie. Les meilleurs riz pour risotto sont l'*arborio*, le *vialone nano*, le *Roma* et le *carnaroli*. Les autres riz ne conviennent pas !

Risotto milanese

RISOTTO AU SAFRAN

Voici un plat classique symbole de la Lombardie, région du riz par excellence. Le safran fait toujours partie du plat, parfois aussi agrémenté de moelle. Sans safran, vous obtiendrez le plus basique des risottos.

POUR 4 PERSONNES • PRÉPARATION : 10 MIN • CUISSON : 35 À 40 MIN

2,5 l de bouillon de poulet ou de légumes
2 g de filaments de safran
100 g de beurre doux
1 gros oignon, pelé et émincé
10 cl de vin blanc sec
500 g de riz pour risotto *arborio*
Sel et poivre du moulin
60 g de parmesan, fraîchement râpé

Portez le bouillon à ébullition dans une casserole et laissez mijoter à feu doux.

Dans une poêle sans matière grasse, faites revenir le safran pendant quelques secondes sans le faire brûler.

Faites fondre 50 g de beurre dans une grande casserole à feu doux. Faites-y ramollir l'oignon pendant 10 minutes environ. Arrosez de vin et attendez 2 ou 3 minutes jusqu'à ce qu'il s'évapore. Versez le riz et remuez pendant une minute pour bien l'enrober de beurre, puis commencez à arroser de bouillon. Versez une louche à la fois pour éviter de « noyer » le riz et attendez toujours que la louche ait été absorbée avant d'ajouter la suivante. Au bout de 10 minutes de cuisson, sans cesser de remuer, ajoutez le safran, salez et poivrez. Poursuivez la cuisson et arrosez de bouillon jusqu'à ce que le riz soit *al dente*, soit au bout de 8 à 10 minutes. Incorporez ensuite le reste de beurre et la moitié du parmesan râpé.

Remuez bien et servez en saupoudrant du reste de fromage.

VARIANTE PLUS ORIGINALE

Ajoutez 300 g de saucisse *luganica* pour rendre ce délicieux risotto plus copieux. La *luganica* est une saucisse de porc fraîche fabriquée dans un très long intestin de 3 cm de diamètre. Ôtez la peau des saucisses et coupez-les en petits morceaux. Ajoutez-les à l'oignon au bout de 5 minutes de cuisson et faites-les bien griller pendant 5 minutes encore en les retournant fréquemment. Poursuivez ensuite comme indiqué ci-dessus. Si vous ne trouvez pas de saucisse *luganica*, remplacez-la par du hachis de porc frais bien assaisonné (voir page 114).

POUR RÉHYDRATER DES *PORCINI* SÉCHÉS (CÈPES)

Recouvrez les *porcini* séchés d'eau et laissez-les tremper pendant 20 minutes environ. Sortez-les de l'eau et égouttez-les dans une passoire au-dessus d'un saladier. Récupérez ensuite l'eau de trempage dans un bol en la tamisant, de préférence à travers de la mousseline, pour éliminer toute poussière. Le liquide récupéré sera très parfumé et pourra agrémenter le bouillon et rehausser la saveur de ce risotto.

Risotto con funghi

RISOTTO AUX CHAMPIGNONS

Le risotto aux cèpes est peut-être, avec le risotto aux truffes, l'un des plus célèbres risottos d'Italie. Les Italiens ne le dégustent que pendant la saison du *porcino* (*Boletus edulis* ou cèpe), mais la recette que j'ai imaginée permet de déguster un risotto aux champignons quelle que soit la saison. Si vous trouvez des *porcini* frais, je vous incite tout de même à les goûter car leur saveur est vraiment unique !

POUR 4 PERSONNES • PRÉPARATION : 10 À 15 MIN • CUISSON : 40 MIN ENVIRON

2 l de bouillon de poulet ou de légumes4 cuill. à soupe d'huile d'olive ou 50 g de beurre doux
1 oignon, pelé et émincé très finement
300 g de champignons de Paris bien fermes, tranchés finement
50 g de *porcini* (cèpes) séchés, réhydratés (voir ci-contre) et émincés
350 g de riz pour risotto *carnaroli* ou *arborio*
60 g de parmesan, fraîchement râpé
80 g de beurre doux
Sel et poivre du moulin

Versez le bouillon dans une casserole, portez à ébullition et laissez mijoter à feu très doux.

Dans une grande casserole, faites ramollir l'oignon pendant 10 minutes environ à feu doux dans l'huile d'olive ou le beurre. Ajoutez les champignons de Paris et les *porcini* et laissez cuire 5 minutes, jusqu'à ce qu'ils soient tendres et légèrement roussis.

Versez le riz et remuez pendant 1 ou 2 minutes, avant d'ajouter une première louche de bouillon brûlant. Remuez constamment sur le feu, en ajoutant le bouillon louche par louche. Attendez toujours qu'il ait été absorbé par le riz pour verser la louche suivante. Au bout de 18 à 20 minutes, vérifiez la cuisson du riz, il doit être *al dente*, tendre mais un peu ferme au milieu, pour donner un risotto moelleux.

Retirez la casserole du feu, ajoutez le parmesan et le beurre, puis remuez bien. Assaisonnez à votre convenance et servez aussitôt dans des assiettes chaudes. *Buon appetito.*

Arancini di riso

BOULETTES DE RIZ

Voici une spécialité sicilienne proposée dans les bars et les cafés en tant que repas léger ou amuse-gueule. Deux versions de ce plat sont habituellement proposées, l'une garnie de *ragù* de viande, l'autre de beurre et de mozzarella. Ces boulettes ont la taille d'une orange, d'où leur nom d'*arancini* (petites oranges). On en propose dans tout le pays et même ailleurs. Ma version peut se préparer avec un reste de risotto, y compris noir à l'encre de seiche. Lorsqu'elles sont très petites, comme ici, elles constituent un amuse-gueule idéal pour une soirée entre amis.

POUR 24 BOULETTES • PRÉPARATION : 15 À 20 MIN (AVEC DE LA CHAPELURE TOUTE PRÊTE) • CUISSON : 5 MIN ENVIRON

400 g de reste de risotto
4 œufs, battus
Sel et poivre du moulin
Noix de muscade fraîchement râpée
50 g de parmesan, fraîchement râpé
100 g de miettes de pain séchées (voir page 33) ou de chapelure
Huile végétale, pour la cuisson

Mettez le reste de risotto dans un saladier et ajoutez la moitié des œufs battus, du sel, du poivre, une pincée de noix de muscade et du parmesan. Mouillez-vous les mains et mélangez bien, puis façonnez le mélange en boulettes de la taille d'un abricot.

Versez le reste d'œufs battus sur une assiette et les miettes de pain séchées (ou la chapelure) sur une autre. Roulez d'abord les boulettes de riz dans les œufs battus puis dans la chapelure et faites-les ensuite revenir ou frire pendant 5 minutes environ, jusqu'à ce qu'elles soient bien dorées. Égouttez sur du papier absorbant et servez chaud ou froid.

Risotto al burro e tartufo

RISOTTO AUX TRUFFES

Voici le plus simple et le plus raffiné de tous les risottos. Il est encore meilleur avec de la truffe fraîche d'Alba en saison, mais vous pouvez aussi le préparer avec de la truffe noire, nettement moins coûteuse, ou même avec du beurre de truffe et des tranches de truffe d'été en décoration.

POUR 4 PERSONNES • PRÉPARATION : 10 MIN • CUISSON : 30 MIN ENVIRON

80 g de beurre de truffe
2 l de bon bouillon de poulet, bœuf ou légumes
1 gros oignon, pelé et tranché très finement
5 cl de vin blanc sec
350 g de riz pour risotto *carnaroli* ou *arborio*
30 g de beurre doux
80 g de parmesan, fraîchement râpé
Sel et poivre du moulin
60 g de truffe noire ou blanche

Portez le bouillon à ébullition dans une casserole et laissez mijoter à feu doux.

Dans une grande sauteuse, faites ramollir l'oignon pendant 7 minutes environ dans le beurre de truffe fondu. Versez le vin et attendez qu'il s'évapore pour ajouter le riz, sans cesser de remuer pendant une minute. Arrosez d'une louche de bouillon chaud à la fois, en attendant que le bouillon ait été absorbé par le riz pour ajouter la louche suivante.

Au bout de 18 à 20 minutes, goûtez un grain de riz pour vérifier qu'il est bien *al dente*. Retirez alors la casserole du feu et incorporez le beurre et le parmesan en remuant. Assaisonnez à votre goût.

Servez avec de fines tranches de truffe en garniture.

BEURRE DE TRUFFE

Vous pouvez en trouver en bocal dans les épiceries fines. C'est un ingrédient délicieux qu'il est bon d'avoir sous la main. J'adore faire cuire des œufs dans le beurre de truffe. Saviez-vous qu'une truffe conservée au contact d'œufs extra frais les imprégnait, comme par magie, de son parfum ? Vous pouvez aussi ajouter quelques gouttes d'huile de truffe à du beurre normal.

Risotto alla marinara

RISOTTO AUX FRUITS DE MER

Ce risotto, à base de rouget et de limande-sole pochés, se distingue par son agréable texture crémeuse. Cette recette demande un peu de temps mais vous ne serez pas déçu ! J'ai choisi d'utiliser du riz *vialone nano*. Ses grains sont courts et il est très absorbant, ce qui rehausse encore la saveur de ce risotto.

POUR 4 À 6 PERSONNES • PRÉPARATION : 25 À 30 MIN (+ NETTOYAGE DES MOULES) • CUISSON : 1 H ENVIRON

1 gros oignon, pelé et tranché finement
6 cuill. à soupe d'huile d'olive
20 moules, nettoyées (voir page 58)
15 cl de vin blanc
100 g de grosses crevettes, décortiquées
100 g de petits poulpes, de calamars ou de seiches
170 g de petites crevettes cuites, décortiquées
500 g de riz pour risotto *vialone nano*
Huile d'olive vierge extra
Le jus de 1 citron

BOUILLON DE POISSON

1,5 l d'eau
1 petit oignon, pelé
1 carotte
Quelques feuilles de céleri et de persil
2 rougets de 150 g environ
1 limande-sole de 300 g environ

Pour le bouillon, portez l'eau à ébullition avec l'oignon, la carotte, les feuilles de céleri et de persil et laissez bouillir pendant 15 minutes. Ajoutez le rouget et la limande-sole et laissez-les pocher à feu doux pendant 10 minutes. Retirez les poissons du bouillon, levez les filets et ôtez la peau. Réservez. Ôtez les légumes et les herbes du bouillon de poisson et continuez à laisser mijoter.

Dans une grande casserole, faites ramollir l'oignon dans l'huile d'olive pendant 5 minutes. Versez les moules et le vin, couvrez et laissez cuire à l'étouffée quelques minutes, jusqu'à ce que les moules s'ouvrent. Retirez-les de la casserole en éliminant celles qui sont restées fermées. Extrayez les autres de leurs coquilles, en en réservant quelques unes avec coquilles pour la décoration.

Dans la même casserole, réunissez les crevettes, le poulpe, la chair de poisson réservée et les moules. Versez le riz en remuant pour qu'il soit bien enrobé d'huile. Arrosez d'une louche de bouillon chaud, en attendant que tout le liquide ait été absorbé avant d'ajouter la louche suivante. Le riz devrait être cuit au bout de 20 à 25 minutes. Arrosez d'un peu d'huile d'olive vierge extra et de quelques gouttes de jus de citron avant de servir.

Carne

VIANDES

D'une manière générale, l'Italie n'est pas un pays de carnivores. Le repas italien classique, généralement composé de trois à cinq plats, inclut rarement de grandes quantités de viande. En effet, les Italiens apprécient tout autant un bon plat de légumes bien cuisinés et bien présentés qu'un plat de viande. Il existe toutefois des exceptions à la règle, comme par exemple le *bistecca alla fiorentina*, spécialité toscane composée d'un épais morceau de bœuf à l'os.

Lorsque vous achetez de la viande, privilégiez toujours la qualité. Votre boucher doit vous proposer de la bonne viande fraîche, pouvoir vous renseigner sur son origine et vous indiquer le morceau le mieux adapté à votre recette. Avec un peu de chance, il vous donnera même quelques conseils de préparation !

Pollo al rosmarino e aglio

POULET AU ROMARIN ET À L'AIL

Cette recette requiert, bien sûr, un poulet élevé en plein air et nourri au grain. Les Italiens aiment ce plat simple, aussi bon chaud que froid.

POUR 4 PERSONNES • PRÉPARATION : 10 MIN • CUISSON : 1 H 30

1 poulet fermier de 2 kg
8 têtes d'ail, entières
2 brins de romarin
6 cuill. à soupe d'huile d'olive
Sel et poivre du moulin
15 cl de vin blanc sec

Préchauffez le four à 200 °C (th. 6-7). Mettez le poulet dans une cocotte ou un plat allant au four. Ajoutez l'ail et le romarin, puis arrosez d'huile d'olive. Salez et poivrez à votre convenance, puis avec les mains, faites bien pénétrer l'huile et l'assaisonnement dans le poulet.

Enfournez et laissez cuire 1 h 30. À mi-cuisson, ajoutez le vin. Mélangez bien.

Une fois le poulet cuit, sortez-le du four et servez, accompagné d'épinards ou d'une salade verte.

RESTES

Grattez bien la carcasse du poulet pour récupérer un maximum de chair et préparer les boulettes de poulet du *stracciatella con gnochetti di pollo* (voir page 56).

Pollo al limone e uovo

POULET À LA SAUCE AU CITRON ET À L'ŒUF

Cette sauce, connue sous le nom de *avgolemono*, est originaire de Grèce et fait depuis longtemps partie du répertoire culinaire du sud de l'Italie. Je la prépare généralement pour accompagner de l'agneau mais elle sera divine avec un bon poulet fermier élevé en plein air.

POUR 4 À 6 PERSONNES • PRÉPARATION : 15 MIN • CUISSON : 50 MIN

1,5 kg de cuisses ou blancs de poulet, avec la peau, coupés en gros morceaux
Farine ordinaire, pour saupoudrer
Sel et poivre du moulin
6 cuill. à soupe d'huile d'olive
1 oignon, pelé et émincé
5 cl de vin blanc sec

SAUCE

2 œufs entiers et 2 jaunes d'œuf, battus ensemble
Le jus de 1 citron
1 gousse d'ail, pelée et écrasée en purée
1 cuill. à soupe de persil, ciselé finement

Saupoudrez tous les morceaux de poulet de farine salée et poivrée, en éliminant le surplus.

Dans une poêle, faites chauffer l'huile d'olive jusqu'à ce qu'elle grésille, puis faites ramollir l'oignon pendant 10 minutes. Ajoutez le poulet en remuant de temps en temps et laissez cuire 20 minutes, jusqu'à ce que les morceaux soient bien dorés de tous les côtés. Versez le vin et laissez encore mijoter 20 minutes à feu doux. Une fois le poulet cuit, retirez du feu.

Pendant ce temps, mélangez les œufs, le jus de citron, l'ail, beaucoup de poivre fraîchement moulu et le persil ; salez à votre convenance.

Versez ce mélange sur le poulet encore chaud. Remuez pour bien imprégner tous les morceaux : la sauce doit tout juste épaissir, sans se transformer en œuf brouillé (un peu comme pour des *spaghetti carbonara*).

VARIANTE

Vous pouvez remplacer le poulet par un jeune agneau de printemps. Prolongez alors la cuisson de 20 minutes.

Polpettone di manzo e maiale

PAIN DE VIANDE À LA SAUCE TOMATE

À la maison, nous avions l'habitude de manger ce plat lorsque l'argent manquait. Ma mère cuisinait ce succulent pain de viande et le servait coupé en tranches accompagné des pâtes parfumées avec la sauce de la viande.

POUR 6 PERSONNES • PRÉPARATION : 20 MIN • CUISSON : 2 H 15 À 2 H 20 • REPOS : 10 MIN

750 g de viande hachée de bœuf maigre
750 g de viande hachée de porc maigre
6 œufs, battus
100 g de parmesan, fraîchement râpé
150 g de chapelure
2 gousses d'ail, pelées et écrasées en une fine purée
Sel et poivre du moulin
8 cuill. à soupe d'huile d'olive
2 gros oignons, pelés et émincés
800 g de tomates en morceaux en conserve
10 feuilles de basilic
500 g de *rigatoni* ou *penne* (facultatif)

Préchauffez le four à 180 °C (th. 6).

Réunissez les deux viandes hachées dans un grand saladier et ajoutez les œufs, le fromage, la chapelure et l'ail ; salez et poivrez. Mélangez bien le tout, puis, avec les mains, formez un bel ovale.

Dans une cocotte suffisamment grande pour contenir le pain de viande et sa sauce, faites revenir le pain de viande à feu doux dans l'huile chaude, jusqu'à ce qu'il soit doré de tous les côtés. Retournez-le délicatement pour ne pas le casser. Incorporez les oignons et faites-les ramollir pendant 10 minutes environ. Ajoutez les tomates et le basilic, jusqu'à recouvrir le pain de viande (ajoutez de l'eau si besoin). Couvrez.

Enfournez et laissez cuire 2 heures. Vérifiez la cuisson de temps en temps : si la viande semble manquer d'eau, ajoutez-en un peu. Rectifiez l'assaisonnement si besoin.

Laissez le pain de viande reposer 10 minutes. (Pendant ce temps, si vous souhaitez l'accompagner de pâtes, faites-les cuire de 8 à 10 minutes dans un grand volume d'eau bouillante salée.) Sortez délicatement le pain de viande de la cocotte, coupez-le en tranches et servez avec la sauce et des pâtes.

Salsicce fatte a mano con lenticchie

RAGOÛT DE SAUCISSES MAISON AUX LENTILLES D'OMBRIE

Ce ragoût est particulièrement savoureux lorsqu'il est préparé avec les saucisses fraîches fabriquées par les célèbres bouchers locaux de Norcia, les *norcini*. Comme vous aurez certainement du mal à en trouver, mieux vaut préparer vos saucisses vous-même. Vous trouverez des lentilles de Castelluccio, les lentilles du Puy italien, dans les épiceries fines.

POUR 4 PERSONNES • PRÉPARATION : 15 À 20 MIN • CUISSON : 50 À 55 MIN

2 gousses d'ail, pelées et écrasées
50 g de tomates séchées, en lamelles
7 cuill. à soupe d'huile d'olive vierge
250 g de lentilles de Castelluccio
45 cl de bouillon de poulet
2 tiges de céleri, avec les feuilles, coupées en morceaux
Sel et poivre du moulin

SAUCISSES
500 g de hachis de porc
5 cl de vin rouge fort
1 cuill. à café de graines de fenouil
1 piment doux, émincé
1 cuill. à café de romarin, ciselé
Sel et poivre du moulin

Pour les lentilles, faites revenir l'ail et les tomates séchées quelques minutes dans 6 cuillerées à soupe d'huile d'olive. Lorsque l'ail commence à dorer, ajoutez les lentilles, le bouillon et le céleri et laissez cuire 30 minutes, ou jusqu'à ce que les lentilles soient tendres. Couvrez et gardez au chaud à feu doux.

Pendant ce temps, mélangez tous les ingrédients des saucisses ; salez et poivrez. Prenez une poignée de hachis et formez une saucisse de 8 cm de long et 3 cm de diamètre. Enveloppez-la bien serrée dans une feuille d'aluminium, en enroulant les extrémités comme si vous formiez une papillote. Répétez l'opération jusqu'à épuisement du hachis.

Dans une grande casserole, portez un gros volume d'eau à ébullition. Faites pocher les saucisses 2 ou 3 minutes dans l'eau bouillante, jusqu'à ce qu'elles remontent à la surface. Laissez refroidir un peu, puis ôtez l'aluminium.

Mouillez les saucisses avec le reste d'huile d'olive, puis faites-les revenir, 5 minutes environ, jusqu'à ce qu'elles soient dorées de tous les côtés. Incorporez les saucisses aux lentilles chaudes et laissez mijoter 5 minutes à feu doux. Dégustez avec du pain ou quelques pommes de terre cuites à l'eau.

VARIANTE PLUS ORIGINALE

Ces saucisses maison peuvent se préparer avec différentes viandes et épices. Remplacez, par exemple, le porc par de l'agneau et les graines de fenouil, le piment et le romarin par 1 cuillerée à café de cumin en poudre, de thym et de sauge ciselés.

Costoletta di maiale alla milanese

CÔTE DE PORC MILANAISE AUX BROCOLIS

Une viande cuite *alla milanese* est presque toujours panée et frite dans l'huile. La recette la plus classique est à base de veau mais il existe aussi des variantes à base de poulet ou de porc. Pour cette recette, il vous faut de grosses côtes de porc avec os dont vous aplatirez bien la viande.

POUR 4 PERSONNES • PRÉPARATION : 10 À 15 MIN • CUISSON : 15 À 20 MIN

4 grosses côtes de porc, avec os
2 œufs, battus avec du sel et du poivre
6 cuill. à soupe environ de chapelure
Beaucoup d'huile d'olive et d'huile végétale pour frire
500 g de brocolis pourpre
2 gousses d'ail, pelées et tranchées
½ piment, haché
1 citron, coupé en quatre

Entourez les côtelettes de film plastique ou de papier sulfurisé et aplatissez la viande avec un maillet ou un objet lourd, afin de l'étaler et de l'affiner. Ôtez le film plastique ou le papier sulfurisé.

Plongez les côtelettes dans les œufs battus, puis retournez-les dans la chapelure.

Versez suffisamment d'huile d'olive et d'huile végétale dans une grande sauteuse pour en couvrir le fond. Faites chauffer jusqu'à ce qu'elle bouillonne, puis plongez-y les côtelettes et laissez frire 5 minutes au moins de chaque côté à feu vif, jusqu'à ce que la viande soit dorée. Réservez et gardez au chaud.

Blanchissez les brocolis quelques minutes dans une casserole d'eau bouillante avant de les faire ramollir à feu doux dans une poêle avec l'ail, le piment et un peu d'huile d'olive. Servez avec les côtelettes et les quartiers de citron.

Tagliata di manzo

LAMELLES DE BŒUF

Ce plat me rappelle la Toscane et surtout la bonne viande locale du Val di Chiana, une vallée située près de Florence. Pour cette recette, il est important de ne pas trop faire cuire la viande, afin de préserver toute sa saveur naturelle.

POUR 4 PERSONNES • PRÉPARATION : 10 MIN • CUISSON : 15 MIN

8 cuill. à soupe d'huile d'olive, pour frire
4 steaks dans le tende de tranche
  de 200 g environ chacun
Sel

SAUCE
12 cuill. à soupe d'huile d'olive vierge extra
2 cuill. à soupe de poivre vert en grains
4 brins de romarin, ciselés

Arrosez généreusement le fond d'une sauteuse d'huile d'olive et faites chauffer à feu doux. Salez la viande et faites-la frire 5 minutes de chaque côté dans la sauteuse, jusqu'à ce qu'elle soit grillée mais encore saignante.

Dans une petite casserole, faites chauffer l'huile d'olive, le poivre et le romarin à feu doux.

Pour servir, coupez les steaks en lamelles de 2 centimètres. Répartissez dans quatre assiettes et arrosez d'huile poivrée au romarin. *Buon appetito.*

Ragù napoletano con braciola

RAGOÛT NAPOLITAIN AUX BRACIOLA

Le dimanche, les Napolitains se contentent généralement d'un *piatto unico* – un plat principal unique. La *braciola* est une sorte de paupiette de bœuf avec une farce spéciale qui rappelle la cuisine arabe. Elle est assez difficile à préparer mais le dimanche, on a souvent plus de temps pour concocter de délicieux petits plats.
Les Napolitains préparent des *fusilli* maison pour accompagner leurs paupiettes et ma vieille nourrice Lina préparait sans doute les meilleurs.

POUR 4 À 6 PERSONNES • PRÉPARATION : 50 À 55 MIN • CUISSON : 2 H 25 • REPOS DE LA PÂTE : 30 MIN ENVIRON

6 escalopes de bœuf assez fines
3 cuill. à soupe de chapelure
40 g de raisins secs, trempés dans l'eau et égouttés
80 g de pignons de pin
1 gousse d'ail, pelée et écrasée en purée
100 g de parmesan, fraîchement râpé
4 cuill. à soupe de persil plat, ciselé grossièrement
Sel et poivre du moulin

PÂTES
500 g de farine de blé dur, + un peu pour saupoudrer
1 œuf, battu

SAUCE
2 gros oignons, pelés et coupés en dés
6 cuill. à soupe environ d'huile d'olive
10 cl de vin blanc sec
800 g de *passata* ou pulpe de tomate (*polpa di pomodoro*) (voir page 69)
2 cuill. à soupe de purée de tomate, diluée avec 2 cuill. à soupe d'eau
Quelques feuilles de basilic, ciselées

Pour préparer les paupiettes, alignez les escalopes de bœuf sur le plan de travail. Préparez la farce en mélangeant la chapelure, les raisins, les pignons de pin, la moitié du parmesan et le persil ; salez et poivrez à votre convenance. Répartissez la farce au centre des escalopes. Enroulez les paupiettes et maintenez-les avec 1 ou 2 cure-dents.

Pendant ce temps, commencez à préparer la sauce en faisant revenir les oignons dans l'huile d'olive dans une grande poêle. Une fois les oignons ramollis, au bout de 6 ou 7 minutes, ajoutez les paupiettes et faites-les dorer des deux côtés. Arrosez de vin et portez à ébullition pour que l'alcool s'évapore. Versez la *passata* de tomate et la purée de tomate diluée, puis portez de nouveau à ébullition.

Baissez le feu, couvrez et laissez mijoter 2 heures à feu doux, en retournant les paupiettes de temps en temps. Une fois les paupiettes cuites, salez et poivrez à votre convenance et ajoutez le basilic en remuant. Gardez les paupiettes et la sauce séparées.

Pour préparer les pâtes, formez un tas de farine sur le plan de travail et creusez un puits au centre. Cassez-y l'œuf et ajoutez un filet d'eau. Mélangez petit à petit à la farine en ajoutant suffisamment d'eau pour lier la pâte. Pétrissez jusqu'à obtention d'une pâte lisse, puis couvrez avec un linge et laissez reposer 30 minutes environ.

Farinez légèrement le plan de travail et pétrissez la pâte en plusieurs fois. Prenez-en un petit morceau et roulez-le sous la paume de la main pour former un bâtonnet de 10 cm de long et 3 mm de diamètre environ. Enroulez le petit bâtonnet autour d'un fin pic à brochette pour former une spirale, puis placez-le sur un linge. Répétez l'opération jusqu'à épuisement de la pâte.

Faites cuire les pâtes 3 ou 4 minutes dans un grand volume d'eau bouillante salée jusqu'à ce qu'elles soient *al dente*. Égouttez et arrosez de sauce.

Coupez les paupiettes en tranches et disposez-les sur les pâtes. Saupoudrez du reste de parmesan et servez.

Costolette di agnello ripiene

CÔTELETTES D'AGNEAU FARCIES

Cette recette requiert de grandes côtes d'agneau épaisses pouvant être farcies. Demandez à votre boucher huit côtelettes avec os de 2,5 ou 3 cm d'épaisseur (soit l'équivalent de la viande de deux côtelettes mais avec un seul os). Ce plat est délicieux chaud mais peut aussi se déguster froid en pique-nique.

POUR 4 PERSONNES • PRÉPARATION : 10 MIN • CUISSON : 10 À 15 MIN

8 grosses côtelettes (doubles) d'agneau, bien dégraissées
2 tranches de jambon de Parme ou de lard fumé, coupées en quatre
8 feuilles de sauge
8 petits morceaux de *fontina* (fromage à pâte pressée non cuite, comme le cantal), tranchés
2 œufs, battus avec du sel et du poivre
6 cuill. à soupe environ de chapelure
Huile d'olive, pour frire

Ouvrez chaque côtelette avec la pointe d'un couteau tranchant, en partant du côté opposé à l'os, de manière à former une poche. Remplissez les « poches » de jambon de Parme, sauge et fromage. Appuyez sur les côtés pour bien refermer les côtelettes. Plongez les côtelettes dans l'œuf, puis retournez-les dans la chapelure.

Arrosez généreusement le fond d'une grande poêle d'huile d'olive et faites chauffer à feu doux. Faites griller les côtelettes 5 ou 6 minutes de chaque côté si vous les aimez juteuses comme moi. Égouttez sur du papier absorbant et servez. Les *zucchini e fagiolini alla menta* (voir page 18) constituent un délicieux accompagnement.

Coniglio alla cacciatora

RAGOÛT DE LAPIN CHASSEUR

Lorsque j'étais petit, mon grand frère m'apprit à tuer et à dépecer les lapins sauvages, et je me rappelle encore comme j'étais fier lorsque j'en ramenais un à ma mère – c'était après la guerre et la viande était alors une denrée rare. Si vous ne savez pas bien comment couper un lapin en morceaux, demandez à votre boucher de le faire pour vous.

POUR 4 PERSONNES • PRÉPARATION : 10 À 15 MIN • CUISSON : 1 H 15

1 lapin de 1 kg, coupé en 8 morceaux
Farine ordinaire, pour saupoudrer
6 cuill. à soupe d'huile d'olive
2 bulbes d'ail, avec la peau
1 petit bouquet de romarin
50 cl de vin blanc sec
400 g de tomates bien mûres, coupées en gros morceaux
Sel et poivre du moulin
Un petit peu d'eau ou de bouillon de légumes, au besoin

Farinez les morceaux de lapin. Dans une cocotte, faites-les dorer de tous les côtés dans l'huile chaude. Ajoutez l'ail et le romarin et laissez revenir un peu avant de verser le vin. Une fois l'alcool évaporé, ajoutez les tomates. Couvrez la cocotte et portez à ébullition en remuant de temps en temps. Ôtez le couvercle et laissez mijoter 1 heure à feu doux.

Salez et poivrez à votre convenance et ajoutez un peu d'eau ou de bouillon si la viande vous semble trop sèche.

Cuit, l'ail sera tendre et très digeste. Pressez-le dans votre bouche pour enlever la peau dure. Vous pouvez accompagner ce ragoût de polenta (voir page 94) ou de pain.

RESTES

Préparez une sauce pour des pâtes avec les éventuels restes de viande et de sauce. Enlevez les os, hachez finement la viande, ajoutez des oignons revenus et du basilic ciselé. Rectifiez l'assaisonnement et ajoutez éventuellement de l'eau ou du bouillon pour fluidifier la sauce.

GRAISSE DE JAMBON DE PARME

Si vous avez du mal à trouver de la graisse de jambon de Parme, vous pouvez la remplacer par du *lardo*, le lard italien, présenté en tranches, un peu comme notre lard fumé. Le lard fondu ne donne pas du tout le même résultat mais vous pouvez l'employer en dernier recours : sous forme de pâte, il se mélange directement aux herbes.

Anitra arrosto con grasso di prosciutto

CANARD RÔTI À LA GRAISSE DE JAMBON DE PARME

Voici un plat typique de l'Émilie-Romagne, « patrie » de la poésie et des cochons. Les canards de la région, essentiellement nourris au maïs, possèdent une large poitrine et de la graisse naturelle. Les cochons produisent le succulent jambon gras connu sous le nom de jambon de Parme. Ce plat symbolise l'harmonie parfaite entre canard et cochon.

POUR 4 À 6 PERSONNES • PRÉPARATION : 15 MIN • CUISSON : 1 H 30

200 g de graisse de jambon de Parme, hachée ou émincée finement, ou lard fumé
10 g de grains de poivre noir, concassés
1 gousse d'ail, pelée et écrasée en purée
1 pincée de noix de muscade fraîchement râpée
1 pincée de cannelle en poudre
1 cuill. à soupe de brins de romarin et de feuilles de sauge, ciselées finement
1 canard de 2 kg élevé en plein air
4 cuill. à soupe d'huile d'olive
Sel

Préchauffez le four à 200 °C (th. 6-7).

Mélangez la graisse de jambon ou le lard fumé avec les grains de poivre, l'ail, la muscade, la cannelle, le romarin et la sauge, jusqu'à obtention d'une pâte épaisse.

Dans un plat allant au four, arrosez le canard d'huile d'olive et salez-le à l'intérieur et à l'extérieur. Tartinez le canard de pâte de graisse, puis recouvrez le plat d'une feuille d'aluminium. Enfournez et laissez cuire 1 heure. Ôtez l'alu et remettez au four pour 30 minutes, en arrosant copieusement de graisse.

Servez le canard avec de délicieux morceaux de peau.

Fegato di vitello con cipolle

FOIE DE VEAU AUX OIGNONS

Ce plat est souvent proposé à Venise où il porte le nom de *fegato all veneziano*. On peut aussi le préparer avec des foies de porc, d'agneau ou de poulet. Quel que soit votre choix, le résultat vous ravira. Il est particulièrement savoureux accompagné d'une purée de pommes de terre et de céleri.

POUR 4 PERSONNES • PRÉPARATION : 10 MIN • CUISSON : 15 À 20 MIN

600 g de foie de veau, dégraissé et tranché finement
Farine ordinaire, pour saupoudrer
8 cuill. à soupe d'huile d'olive
600 g d'oignons blancs, pelés et tranchés très finement
50 g de raisins secs
20 g de sucre en poudre
4 cuill. à soupe de vinaigre de vin blanc
Sel et poivre du moulin

Farinez les tranches de foie.

Faites chauffer l'huile d'olive dans une grande poêle à feu doux (voir page 22) et laissez ramollir l'oignon de 10 à 15 minutes.

Ajoutez les raisins secs, le sucre et les tranches de foie farinées, et laissez revenir doucement 7 minutes, ou jusqu'à ce que le foie soit cuit à votre goût.

Arrosez de vinaigre, salez et poivrez à votre convenance, puis réchauffez en remuant. Servez immédiatement.

Trippa alla fiorentina

TRIPES DE VEAU À LA FLORENTINE

Bien que cette recette soit *alla fiorentina*, elle ne contient pas d'épinards. Les tripes (estomac des ruminants, généralement de la vache) sont de plus en plus difficiles à trouver, bien que les magasins d'alimentation chinois en proposent souvent une variété délicieuse, connue sous le nom italien de *millefoglie* (mille feuilles), ou tripes feuillet. Si vous n'en trouvez pas, essayez donc les tripes de bœuf (nid d'abeilles).

POUR 4 PERSONNES • PRÉPARATION : 15 MIN • CUISSON : 2 H 25

1 kg de tripes (non blanchies)
Sel et poivre du moulin
8 cuill. à soupe d'huile d'olive
1 gros oignon, pelé et émincé très finement
2 carottes, pelées et coupées en petits dés
2 tiges de céleri avec les feuilles, émincées
10 tomates cerises, coupées en deux
2 feuilles de laurier
1 petit brin de romarin
15 cl d'eau ou de bouillon

Coupez les tripes en fines lamelles. Dans une grande casserole, portez un gros volume d'eau salée à ébullition, ajoutez les tripes et laissez cuire 5 minutes. Égouttez et réservez.

Dans une grande poêle, faites chauffer l'huile d'olive et versez-y l'oignon, les carottes, le céleri et les tomates. Remuez et laissez cuire 20 minutes, jusqu'à ce que les légumes aient ramolli.

Ajoutez les tripes pré-cuites, le laurier et le romarin, du sel et du poivre à votre convenance et l'eau ou le bouillon. Couvrez et laissez mijoter pendant 2 heures, ou jusqu'à ce que les tripes soient tendres.

Répartissez les tripes dans les assiettes et servez avec du pain.

Pesce

POISSONS

Dans toutes les régions côtières d'Italie, du golfe de Trieste à la lagune de Venise, dans la Marche, les Abruzzes et les Pouilles, le poisson est tous les jours à la base d'une multitude de plats – qui se résument souvent à une seule et même recette, avec de légères variantes d'un village à l'autre. L'Italie regorge aussi de lacs et de rivières remplis de délicieux poissons d'eau fraîche, comme la tanche, la truite, la carpe et l'anguille.

Si les Italiens mangent de plus en plus de poisson, il est néanmoins coûteux en raison des stocks qui diminuent. En Italie, une loi oblige les restaurants à préciser la nature du poisson proposé – frais ou surgelé –, ce dernier étant naturellement beaucoup moins cher.

Trota in cartoccio

TRUITE EN PAPILLOTTE

Cette méthode de cuisson, destinée à préserver tous les jus et arômes, se pratique depuis l'époque romaine. Jadis, on utilisait des plats en terre cuite, alors qu'on enveloppe aujourd'hui les aliments dans une feuille d'aluminium pour les faire cuire au four, le résultat étant le même. Si les papillotes sont bien fermées, vous pouvez aussi les faire cuire sur un gril au charbon de bois.

POUR 4 PERSONNES • PRÉPARATION : 15 À 20 MIN • CUISSON : 20 MIN

4 truites de 250 g environ chacune
32 fines tranches de citron
Sel et poivre du moulin
1 petit bouquet de cerfeuil, divisé en quatre
1 bouquet de persil, divisé en quatre
100 g de beurre doux

Préchauffez le four à 200 °C (th. 6-7). Préparez 4 morceaux de papier aluminium suffisamment grands pour envelopper le poisson sans serrer.

Nettoyez les truites et videz-les (ou demandez à votre poissonnier de le faire). Lavez-les et séchez-les. Coupez les nageoires. Sur l'un des côtés de chaque poisson, pratiquez 4 incisions dans la peau.

Placez les morceaux de papier aluminium sur votre plan de travail et disposez 4 tranches de citron sur chacun d'eux. Salez et poivrez l'intérieur des truites et insérez-y un quart des herbes et 15 g de beurre, coupé en petits morceaux. Refermez les poissons et disposez-les sur les tranches de citron, côté incisé vers le haut. Faites pénétrer le reste de beurre, également coupé en petits morceaux, dans les entailles ; salez et poivrez, puis ajoutez 4 autres tranches de citron. Refermez l'aluminium de manière à former une papillote autour de chaque truite.

Enfournez et faites cuire 20 minutes. Servez avec une simple salade de pommes de terre.

Merluzzo alla napoletana

MORUE AUX TOMATES ET AUX OLIVES

Les Napolitains utilisent aussi bien de la morue salée que fraîche. Pour cette recette, préférez la fraîche qui vous évitera un long nettoyage et dessalage, nécessaires avec la morue salée (que vous pouvez toutefois employer si vous la préférez). Ce plat est excellent accompagné de quelques pommes de terre fermes cuites à l'eau.

POUR 4 PERSONNES • PRÉPARATION : 10 MIN • CUISSON : 20 À 25 MIN

4 steaks de morue fraîche de 150 g environ chacun
Farine ordinaire, pour saupoudrer
8 cuill. à soupe d'huile d'olive
2 gousses d'ail, pelées et tranchées
400 g de tomates en morceaux en conserve
60 g d'olives noires dénoyautées
1 cuill. à soupe d'origan frais ou 1 cuill. à café d'origan séché
Sel et poivre du moulin

Versez 2 cuillerées à soupe d'huile d'olive dans une grande poêle et faites chauffer à feu doux. Retournez les steaks dans la farine et faites-les revenir 5 minutes de chaque côté dans la poêle. Égouttez sur du papier absorbant et réservez.

Dans une autre poêle, versez les 6 cuillerées à soupe d'huile d'olive restantes et faites revenir les tranches d'ail quelques minutes, jusqu'à ce qu'elles commencent tout juste à changer de couleur. Ajoutez les tomates, les olives, l'origan, du sel, du poivre et laissez revenir 5 minutes.

Mettez les steaks dans la poêle avec le reste des ingrédients et faites chauffer à tout petit feu pour absorber les saveurs. Servez avec des pommes de terre cuites à l'eau.

Pesce spada muddica

ESPADON PANÉ GRILLÉ

La *muddica* est une sorte d'ingrédient magique pour les Siciliens. Il s'agit d'une chapelure fraîche parfumée, utilisée de multiples manières – pour farcir des sardines, pour enrober une tranche de poisson à griller, comme ici, ou comme alternative délicieuse au parmesan râpé sur les pâtes.

POUR 4 PERSONNES • PRÉPARATION : 10 À 15 MIN • CUISSON : 10 MIN

4 steaks d'espadon (ou de thon) de 150 g environ chacun
150 de chapelure fine
2 cuill. à soupe d'huile d'olive vierge extra
1 gousse d'ail, pelée et écrasée en purée
1 cuill. à soupe de persil ciselé très finement
Sel et poivre du moulin

Préchauffez le gril du four à feu moyen et mettez le poisson à température ambiante.

Réunissez la chapelure, l'huile d'olive, l'ail et le persil dans un saladier et assaisonnez à votre convenance. Mélangez les ingrédients du bout des doigts pour obtenir une chapelure humide mais légère. Retournez-y les steaks de poisson.

Enfournez les steaks panés sous le gril chaud et laissez cuire 10 minutes, en retournant à mi-cuisson. Servez avec une salade de roquette et d'endives.

VARIANTE PLUS ORIGINALE

Le fromage accompagne rarement le poisson, mais vous pouvez ici ajouter 50 g de parmesan fraîchement râpé à la chapelure pour en modifier très légèrement la saveur. Le parmesan se marie bien avec le thon ou l'espadon.

Orata all'acqua pazza

DORADE POCHÉE

Vous dégusterez peut-être un jour cette curieuse recette du sud de l'Italie. Je l'ai appelée *alla aqua pazza*, ce qui se traduit littéralement par cuit dans « l'eau folle », bien que l'on trouve souvent l'appellation *all'acqua di mare*, le poisson étant généralement cuit dans l'eau de mer. Comme il peut être difficile de se procurer de l'eau de mer, j'ai ajouté ici du sel à de l'eau ordinaire.

POUR 4 PERSONNES • PRÉPARATION : 10 MIN • CUISSON : 20 À 25 MIN

2 dorades de 600 g, nettoyées
1 bouquet de persil plat
1 bouquet de cerfeuil
16 tranches de citron
50 cl d'eau
20 cl d'huile d'olive
50 g de sel
Quelques grains de poivre noir

Placez le poisson dans un plat creux résistant à la chaleur, suffisamment grand pour contenir les deux dorades sans laisser trop d'espace autour. Répartissez les herbes et les tranches de citron de part et d'autre, puis versez l'eau et l'huile de manière à recouvrir le tout. Ajoutez le sel et les grains de poivre.

Mettez le plat sur le feu et portez à ébullition. Baissez le feu et laissez mijoter de 15 à 18 minutes à feu doux. Servez avec du chou frisé de Milan cuit à l'eau.

Sardine alla griglia con salmoriglio

SARDINES GRILLÉES AU SALMORIGLIO

Ce petit poisson qui, comme le maquereau, contient des huiles saines, est apprécié dans toute la Méditerranée. Ce plat rapide et savoureux peut également se déguster en *antipasto* en diminuant les portions.

POUR 4 PERSONNES • PRÉPARATION : 15 MIN • CUISSON : 10 MIN

16 grosses sardines fraîches, vidées et nettoyées
Sel et poivre du moulin
1 citron, coupé en quartiers

SALMORIGLIO
15 cl d'huile d'olive vierge extra
Le jus de 2 citrons et le zeste de 1 citron, râpé finement
1 petit piment, émincé
1 gousse d'ail, pelée et émincée très finement
4 cuill. à soupe de persil, ciselé finement

Préchauffez un barbecue ou un gril au charbon de bois.

Réunissez les ingrédients du *salmoriglio* dans un bol et mélangez.

Mettez les sardines à même le gril chaud. Salez, badigeonnez d'un peu de *salmoriglio* et faites cuire 5 minutes de chaque côté.

Servez les sardines chaudes ou froides, accompagnées de quartiers de citron et du reste de *salmoriglio*.

Sgombro in carpione

MAQUEREAU FRIT MARINÉ

Savoureux poisson riche en huiles saines, le maquereau n'est pas apprécié à sa juste valeur – certains l'adorent, tandis que d'autres l'ignorent. Cuisiné et mariné de cette manière, il prend une autre dimension et devrait faire l'unanimité.

POUR 4 PERSONNES • PRÉPARATION : 10 À 15 MIN • CUISSON : 10 À 15 MIN • REPOS : TOUTE UNE NUIT

4 gros maquereaux frais, préparés en filets (demandez à votre poissonnier de le faire)
Farine ordinaire, pour saupoudrer
Sel et poivre du moulin
Huile d'olive, pour frire

MARINADE
2 gros oignons, tranchés finement
10 cl d'huile d'olive
30 g de sucre en poudre
10 cl de vinaigre de vin blanc
1 bouquet de menthe

Retournez les filets de maquereau dans la farine assaisonnée et éliminez le surplus. Arrosez généreusement d'huile d'olive le fond d'une grande poêle et faites frire le poisson jusqu'à ce qu'il grésille et soit doré des deux côtés, soit de 5 à 7 minutes selon la taille des filets. Réservez pour laisser refroidir.

Préparez la marinade en faisant ramollir les oignons dans l'huile d'olive chaude de 5 à 7 minutes. Ajoutez le sucre, le vinaigre et les feuilles de menthe ; salez et poivrez copieusement.

Dans un plat en céramique, formez des couches de filets de poisson, en intercalant de l'oignon et des herbes. Arrosez du reste de marinade et mettez au réfrigérateur.

Servez le lendemain avec des pommes de terre chaudes cuites à l'eau. Vous pouvez aussi couper les filets en fines tranches et les mélanger à une simple salade verte.

RESTES

Les filets de maquereau se garderont quelques jours au réfrigérateur et peuvent servir à préparer des rillettes, une fois toutes les minuscules arêtes ôtées. Réduisez le poisson en crème dans un mixeur ou un robot ménager et servez tartiné sur des *crostini*.

Gamberetti di Michele

CREVETTES ROSES DE MICHELE

J'ai rencontré Michele à Palerme alors que je réalisais une série pour la chaîne de télévision BBC. Il avait préparé cette recette à base de petites crevettes spécialement pour moi, sur un gril au charbon de bois. Pour cette recette, il vous faut un plat en aluminium rectangulaire et une feuille d'aluminium qui fera office de couvercle.

POUR 4 PERSONNES • PRÉPARATION : 10 MIN • CUISSON : 20 MIN

500 g de crevettes roses très fraîches
Le jus de 2 citrons (si possible siciliens)
8 cl d'huile d'olive
2 gousses d'ail, pelées et coupées en deux
1 poignée de feuilles de persil plat
Sel et poivre du moulin
5 cl de cognac

Réunissez les crevettes dans un plat en aluminium, assaisonnez de jus de citron, d'huile d'olive, d'ail, de persil, de sel et de poivre. Mélangez puis ajoutez le cognac. Recouvrez le plat d'une feuille d'aluminium et placez-le sur un gril chaud (de préférence au charbon de bois). Laissez cuire 20 minutes.

Ces crevettes sont encore meilleures si vous les mangez avec les doigts !

VARIANTE

Tout comme la cuisson *in cartoccio* (voir page 131), ce type de cuisson à couvert permet de préserver le jus du poisson ou de la viande. Les petits filets de poisson délicat, comme la sole, peuvent aussi se cuire de cette manière – remplacez simplement les crevettes par les filets de poisson.

Gamberoni con aglio, olio e peperoncino

CREVETTES GÉANTES SAUTÉES À L'AIL, À L'HUILE ET AU PIMENT

Ce plat extrêmement simple à préparer impressionnera vos hôtes par la richesse de ses saveurs. Procurez-vous les crevettes les plus fraîches possibles. Les savoureuses crevettes impériales sont les meilleures pour cette recette.

POUR 4 PERSONNES • PRÉPARATION : 10 À 15 MIN • CUISSON : 5 MIN

16 crevettes géantes bien fraîches
10 cl d'huile d'olive
Le jus de 1 citron
3 gousses d'ail, pelées et tranchées
1 piment rouge, émincé

Décortiquez les crevettes en gardant les têtes intactes (elles regorgent de jus).

Faites chauffer l'huile d'olive dans une grande poêle, jusqu'à ce qu'elle commence tout juste à grésiller. Ajoutez les crevettes, augmentez le feu et faites-les cuire des deux côtés jusqu'à ce qu'elles changent de couleur, y compris la tête, soit 3 minutes environ. Arrosez de jus de citron, puis ajoutez l'ail et le piment.

Servez les crevettes avec un peu de sauce dans des bols individuels. Avant de déguster, ôtez la tête et mélangez le jus qui s'en écoule avec la sauce.

RESTES

Utilisez les crevettes qu'il vous reste pour concocter une délicieuse sauce pour des pâtes. Commencez par préparer une sauce tomate avec des tomates fraîches ou en conserve (voir page 69). Coupez les crevettes en gros morceaux et incorporez-les à la sauce avec une poignée de persil ciselé.

Impepata di molluschi

FRICASSÉE DE FRUITS DE MER

Impepata est un mot issu du dialecte du sud de l'Italie. Il désigne un plat très poivré, généralement de moules noires, parfois accompagnées d'autres fruits de mer. J'ai suggéré ici des palourdes mais vous pouvez préférer de petits couteaux qui seront également délicieux agrémentés de cette manière.

POUR 4 À 6 PERSONNES • PRÉPARATION : 10 MIN (+ NETTOYAGE ET PRÉPARATION DES FRUITS DE MER) • CUISSON : 6 À 8 MIN

- 10 cl d'huile d'olive vierge extra
- 2 gousses d'ail, pelées et coupées grossièrement
- 1 petit piment rouge frais, émincé
- 1,5 kg de moules noires, nettoyées et préparées (voir page 58)
- 1,5 kg de grosses palourdes, nettoyées et préparées (voir page 58)
- 50 cl de vin blanc sec
- 3 cuill. à soupe de persil plat ciselé finement
- Sel et poivre fraîchement moulu

Dans une grande casserole, faites revenir l'ail et le piment 1 ou 2 minutes dans l'huile d'olive chaude. Ajoutez les fruits de mer, le vin et le persil. Couvrez et faites cuire jusqu'à ce que les coquilles s'ouvrent, soit 4 minutes environ en secouant la casserole de temps en temps. Les premières devraient commencer à s'ouvrir assez vite mais laissez la casserole sur le feu jusqu'à ce qu'elles soient toutes ouvertes. Éliminez les coquilles restées fermées.

Poivrez généreusement. Remuez bien et servez dans des bols, avec beaucoup de pain pour saucer.

RESTES

Préparez une sauce tomate avec des tomates fraîches ou en conserve (voir page 69) et ajoutez quelques crustacés pour obtenir une délicieuse sauce pour des pâtes.

Insalata di mare

SALADE DE FRUITS DE MER

Qu'y a t-il de meilleur en été qu'une bonne salade fraîche de fruits de mer, accompagnée de *grissini* et arrosée d'un verre ou deux de vin blanc sec bien frais ! Vous pouvez agrémenter cette salade des fruits de mer de votre choix. Voici quelques suggestions : petits couteaux, palourdes, crevettes, petits poulpes, calamars, seiche, moules noires, saint-jacques, etc.

POUR 4 PERSONNES • PRÉPARATION : 5 À 10 MIN (+ NETTOYAGE ET PRÉPARATION DES FRUITS DE MER) • CUISSON : 5 MIN

600 g de fruits de mer crus nettoyés et préparés
Sel et poivre du moulin
5 cl d'huile d'olive vierge extra
Le jus de 1 citron
2 gousses d'ail, pelées et coupées en deux
2 cuill. à soupe de persil plat ciselé finement

Faites cuire les fruits de mer quelques minutes dans de l'eau bouillante salée. Égouttez-les bien et versez-les dans un grand saladier.

Mélangez l'huile d'olive, le jus de citron, l'ail, le persil et beaucoup de poivre, puis ajoutez les fruits de mer. Cette salade peut se manger chaude ou froide.

SUGGESTION

Si vous préférez une salade plus légèrement aillée, contentez-vous d'une demi-gousse d'ail, pelez-la et frottez l'intérieur du saladier avec. Jetez ensuite la gousse.

Verdure

LÉGUMES

En Italie, les légumes sont considérés comme un élément important de l'alimentation. Les agriculteurs s'adaptent aux conditions environnementales de leur région et font pousser toutes sortes de légumes intéressants, presque toujours cultivés biologiquement et vendus dans la zone de production. Ceci signifie des légumes frais sur la table, ce que les Italiens adorent.

Préparés aujourd'hui de la même manière qu'il y a des siècles, les plats de légumes italiens peuvent parfaitement remplacer une viande ou un poisson, même pour les non végétariens. Je préfère par exemple déguster un savoureux *parmigiana di zucchini* qu'un morceau de viande ou de poisson sans intérêt.

Les recettes qui suivent peuvent toutes être servies en plat principal ou, en réduisant les portions, en *antipasto*, ou encore accompagner une viande ou un poisson.

Grigliata di vegetali

LÉGUMES GRILLÉS

Les légumes grillés, très à la mode, sont proposés dans presque tous les restaurants, qu'ils soient italiens ou non. Chez vous, vous pouvez les faire cuire sur un gril au charbon de bois au barbecue ou sur un gril en fonte à l'intérieur. Pour rehausser leur saveur, plongez-les dans une marinade dont vous pourrez aussi les badigeonner.

POUR 4 PERSONNES • PRÉPARATION : 20 À 25 MIN • CUISSON : 10 MIN

1 aubergine, tranchée finement dans le sens de la longueur
2 courgettes, tranchées finement dans le sens de la longueur
1 poivron rouge, épépiné et coupé en lamelles
1 poivron jaune, épépiné et coupé en lamelles
4 tomates, coupées en deux

MARINADE
5 cuill. à soupe d'huile d'olive vierge extra
2 cuill. à soupe de menthe ciselée très finement
2 cuill. à soupe de basilic ciselé très finement
2 cuill. à soupe de vinaigre de vin blanc
Sel et poivre du moulin

Préchauffez un gril au charbon de bois ou un gril en fonte.

Préparez la marinade en mélangeant tous ses ingrédients. Plongez-y les tranches et lamelles de légumes une par une, placez-les sur le gril chaud et laissez cuire quelques minutes de chaque côté. Procédez en plusieurs fois. Terminez par les tomates qui risquent de mouiller le gril. Lorsque vous retournez les légumes, badigeonnez-les du reste de marinade.

Vous pouvez déguster ces légumes en garniture de nombreux plats principaux ou en entrée.

Maccu con radicchio

PURÉE DE FÈVES AU RADICCHIO GRILLÉ

J'ai ici choisi volontairement deux ingrédients issus des deux régions les plus éloignées d'Italie, la Sicile et la Vénétie. Le mot *maccu* désigne, en dialecte sicilien, une purée de fèves séchées avec la peau, souvent mangée seule ou avec des légumes amers braisés, comme les endives. Le *radicchio*, cultivé en Vénétie, est une variété d'endive légèrement plus amère qui rehausse bien le *maccu*.

POUR 4 PERSONNES • PRÉPARATION : 15 MIN • CUISSON : 40 À 45 MIN • TREMPAGE DES FÈVES : TOUTE UNE NUIT

300 g de fèves séchées avec la peau, trempées pendant toute une nuit
Huile d'olive vierge extra
1 gousse d'ail, pelée et tranchée
4 têtes de *radicchio* (ou endives), coupées en quatre
15 g de câpres salées, trempées dans l'eau (voir page 34)
5 cl d'eau
6 cuill. à soupe d'huile d'olive vierge extra
Sel et poivre du moulin

Égouttez les fèves, recouvrez-les d'eau fraîche et faites-les cuire 20 minutes environ à feu doux en remuant de temps en temps, jusqu'à obtention d'une purée. Faites chauffer 10 cl d'huile d'olive avec l'ail dans une grande casserole, jusqu'à ce qu'elle frémisse doucement sans toutefois bouillir. Versez-y le *radicchio* et les câpres et ajoutez l'eau. Couvrez et faites braiser jusqu'à ce que *radicchio* soit tendre. Au bout de 15 minutes, insérez la pointe d'un couteau tranchant dans la base du *radicchio*. S'il y pénètre facilement, le *radicchio* est prêt.

Si la purée de fèves n'est pas assez fine, transférez-la dans un robot ménager. Ajoutez 6 cuillerées à soupe d'huile d'olive vierge extra, salez et poivrez. Servez le *radicchio* et les fèves sur une même assiette et arrosez d'un peu plus d'huile d'olive avant de déguster.

RESTES

Si vous préparez une soupe le lendemain, vous pouvez l'épaissir et rehausser sa saveur avec des restes de *maccu*.

Caponata siciliana

RAGOÛT DE LÉGUMES SICILIEN

Délicieux et facile à préparer, le *caponata* est probablement le plat le plus connu de Sicile. L'île a en effet été envahie et colonisée par de nombreuses nations pendant des siècles et beaucoup de recettes siciliennes sont ainsi inspirées d'autres cuisines. Vous retrouverez ici des similitudes avec la ratatouille française, tandis que les raisins secs et les pignons de pin suggèrent des influences arabes.

POUR 4 À 6 PERSONNES • PRÉPARATION : 15 MIN • CUISSON : 35 À 40 MIN

1 aubergine de 800 g
1 gros oignon, pelé et coupé en morceaux
2 cuill. à soupe d'huile d'olive
3 tomates mûres, coupées en gros dés
1 cuill. à soupe de purée de tomate, diluée avec un peu d'eau
1 cuill. à soupe de sucre en poudre
1 cuill. à soupe de câpres salées, trempées dans l'eau (voir page 34)
20 olives vertes dénoyautées
1 cuill. à soupe de vinaigre de vin blanc
1 tête de céleri, feuilles et tiges coupées
1 cuill. à soupe de raisins secs
Sel et poivre du moulin
1 cuill. à soupe de pignons de pin (facultatif)

Coupez l'aubergine en morceaux de 3 cm, faites-les tremper 5 minutes dans l'eau froide, puis égouttez. Ceci évitera à l'aubergine d'absorber trop d'huile.

Dans une grande poêle, faites ramollir l'oignon quelques minutes dans l'huile d'olive chaude. Ajoutez les morceaux d'aubergine et faites-les revenir 10 minutes environ, jusqu'à ce qu'ils soient tendres. Versez les tomates, la purée de tomate diluée, le sucre, les câpres, les olives, le vinaigre, les tiges et les feuilles de céleri et les raisins secs dans la poêle ; salez et poivrez. Laissez mijoter à feu doux 30 minutes environ, jusqu'à ce que tous les ingrédients soient fondants et que leurs saveurs se mêlent les unes aux autres.

Ajoutez éventuellement des pignons de pin en remuant et servez froid ou chaud, en garniture d'un plat ou seul avec du pain.

Verdure cotte al limone e olio

SALADE DE LÉGUMES CUITS AU CITRON ET À L'HUILE

Les légumes, cuits à la vapeur ou à l'eau et simplement arrosés d'huile d'olive vierge extra et de jus de citron, sont un véritable régal. Dans l'idéal, procurez-vous des citrons siciliens ou de la côte d'Amalfi – leur parfum et leur goût sont incomparables.

POUR 4 PERSONNES • PRÉPARATION : 15 MIN • CUISSON : 25 MIN

- 2 grosses carottes, pelées et coupées en quatre
- 2 bulbes de fenouil, extrémités coupées, tranchés
- Sel et poivre du moulin
- 200 g de poivrons rouges, épépinés et coupés en huit
- 8 asperges, extrémités coupées
- 100 g de haricots verts
- 2 courgettes, coupées en tranches épaisses dans le sens de la longueur
- Huile d'olive vierge extra
- Le jus de 1 gros citron frais

Réunissez les carottes et le fenouil dans une grande casserole d'eau bouillante salée et laissez cuire 15 minutes. Ajoutez ensuite les poivrons, les asperges, les haricots et les courgettes et prolongez la cuisson de 10 minutes, jusqu'à ce que les légumes soient tendres. Retirez du feu, égouttez et laissez refroidir.

Répartissez les légumes dans un plat en variant les couleurs et les formes. Arrosez d'huile d'olive vierge extra et de gouttes de jus de citron. Salez un peu et poivrez beaucoup avant de servir.

VARIANTE PLUS ORIGINALE

Pour multiplier les saveurs et les textures, agrémentez cette salade d'autres légumes, tels que du céleri, des pommes de terre ou des panais. Pelez et tranchez les légumes comme ci-dessus et plongez-les dans la casserole d'eau bouillante 5 minutes avant d'ajouter les carottes et les bulbes de fenouil.

Carciofini in umido

PETITS ARTICHAUTS BRAISÉS

Cette recette requiert les ingrédients les meilleurs et les plus frais possible. Les petits artichauts doivent avoir la taille d'une mandarine et contenir, si possible, peu de foin. Cette recette est inspirée des célèbres artichauts *alla judia*, appelés ainsi en raison des familles juives qui introduisirent ce plat chez les Romains il y a 400 ans.

POUR 4 PERSONNES • PRÉPARATION : 15 MIN • CUISSON : 30 MIN

12 petits artichauts
1 gros oignon, pelé et émincé
1 cuill. à soupe de petites câpres salées,
trempées dans l'eau (voir page 34)
2 cuill. à soupe de persil plat ciselé
Beaucoup d'huile d'olive

Coupez les 2 centimètres supérieurs des artichauts, ôtez les feuilles externes dures et coupez les tiges à 4 cm de la base. Avec un couteau tranchant, éliminez les extrémités dures des feuilles et ne conservez que les parties tendres des artichauts. Faites une ouverture au centre de chaque artichaut et enlevez éventuellement le foin ; il n'y en aura peut-être pas si l'artichaut est très jeune.

Placez les artichauts nettoyés bien serrés les uns contre les autres dans une casserole de taille adéquate. Ajoutez l'oignon, les câpres et le persil. Versez suffisamment d'huile d'olive pour couvrir les artichauts jusqu'à mi-hauteur, puis complétez avec de l'eau jusqu'en haut des artichauts.

Couvrez avec un couvercle et faites cuire 30 minutes à feu doux. L'huile doit tout juste frémir. Pour vérifier la cuisson, essayez d'insérer la pointe d'un couteau tranchant dans un artichaut ; si elle y pénètre facilement, cela signifie qu'il est cuit.

Ces artichauts sont délicieux chauds et tout seuls, mais ils peuvent aussi se déguster froids en *antipasto* ou accompagner un plat.

Torta di spinaci e carciofi

TARTE AUX ÉPINARDS ET À L'ARTICHAUT

Cette recette présente des similitudes avec la quiche lorraine. En Ligurie, une tarte aux œufs du même genre est aussi préparée, la *torta pasqualina* (tarte pascale), dont cette tarte végétarienne est une variante. Elle est délicieuse à déguster chaude ou froide.

POUR 6 PERSONNES • PRÉPARATION : 20 MIN • CUISSON : 55 MIN À 1 H

675 g de pâte brisée prête à l'emploi
Huile d'olive
Farine, pour saupoudrer

GARNITURE
1 kg de feuilles d'épinards, nettoyées, lavées et tiges dures enlevées
Sel et poivre du moulin
6 cuill. à soupe d'huile d'olive
2 oignons, pelés et tranchés finement
10 cl d'eau
6 cœurs de petits artichauts, préparés (voir page 75) et tranchés
300 g de *ricotta* fraîche
6 œufs, battus
70 g de parmesan, fraîchement râpé
Noix de muscade fraîchement râpée

Préchauffez le four à 180 °C (th. 6). Huilez un moule à tarte de 25 cm de diamètre avec un peu d'huile d'olive, puis saupoudrez d'un peu de farine.

Blanchissez les épinards dans l'eau bouillante salée pendant 3 minutes environ, puis égouttez bien. Avec les mains, pressez les feuilles d'épinards pour extraire autant de liquide que possible, puis émincez-les.

Dans une grande casserole, faites revenir brièvement les oignons dans l'huile d'olive chaude. Ajoutez l'eau et les artichauts, couvrez et faites cuire 20 minutes environ, ou jusqu'à ce qu'ils soient tendres.

Dans un saladier, réunissez les épinards, la *ricotta*, les œufs battus, 50 g de parmesan et un peu de noix de muscade ; salez et poivrez à votre convenance. Mélangez bien le tout.

Étalez la pâte en une fine couche et garnissez-en le moule à tarte huilé. Versez la garniture sur le fond de tarte, parsemez du reste de parmesan et enfournez dans le four chaud pour 30 minutes. Laissez refroidir un peu et servez.

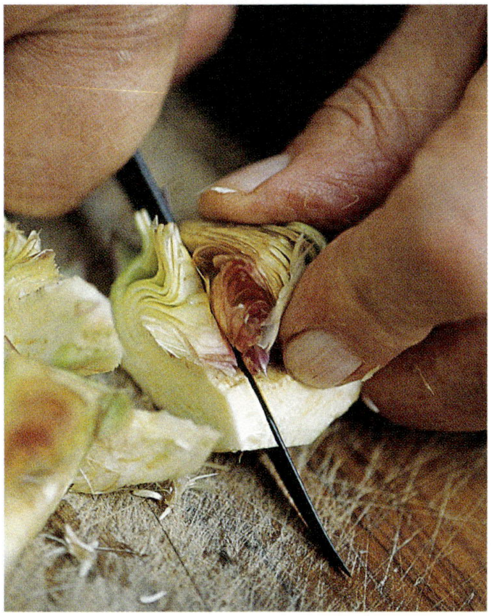

Patate al forno con cipolle e aglio

POMMES DE TERRE AU FOUR À L'OIGNON ET À L'AIL

Cette recette simplissime et savoureuse se passe presque d'explications. Elle peut accompagner toutes sortes de plats et se marie particulièrement bien avec les viandes rôties et les poissons pochés.

POUR 6 À 8 PERSONNES • PRÉPARATION : 15 MIN • CUISSON : 40 À 50 MIN

1,5 kg de pommes de terre, pelées
et coupées en tranches épaisses
500 g d'oignons, pelés et tranchés
30 gousses d'ail, non pelées
10 cl d'huile d'olive
Sel et poivre du moulin
1 branche de romarin

Préchauffez le four à 220 °C (th. 7).

Réunissez les pommes de terre, l'oignon et l'ail dans un plat allant au four, arrosez d'huile d'olive, de sel et de beaucoup de poivre, puis mélangez avec les mains. Ajoutez le romarin.

Enfournez pour 40 à 50 minutes dans le four chaud. À mi-cuisson, mélangez de nouveau pour que les pommes de terre du fond se retrouvent au-dessus et dorent.

L'ail avec sa peau, pressé avec les doigts dans la bouche, est encore plus fondant.

RESTES

Hachés avec des champignons ou des haricots, les pommes de terre et les oignons constitueront une bonne base pour une soupe. Vous pouvez aussi utiliser vos restes pour préparer une omelette ou une *frittata*.

Finocchi gratinati

GRATIN DE FENOUIL

J'adore le fenouil, cru comme cuit, et j'en mange parfois pour digérer. Lorsque vous achetez du fenouil, vérifiez bien l'extérieur – il doit être brillant, frais et pas trop dur. Ce plat peut se déguster seul avec du pain en entrée ou accompagner un plat principal de poisson ou de viande.

POUR 4 PERSONNES • PRÉPARATION : 10 À 15 MIN • CUISSON : 40 À 45 MIN

4 gros bulbes de fenouil
Sel et poivre du moulin
80 g de beurre doux, coupé en dés
100 g de chapelure
Noix de muscade fraîchement râpée

Préchauffez le four à 200 °C (th. 6-7).

Faites cuire les bulbes de fenouil entiers 20 à 25 minutes environ dans une casserole d'eau salée, jusqu'à ce que la pointe d'un couteau tranchant y pénètre facilement. Égouttez et laissez refroidir.

Coupez le fenouil en tranches de 5 mm et disposez-les, telles les tuiles d'un toit, sur la plaque du four. Parsemez de dés de beurre et de chapelure, ajoutez un peu de noix de muscade, salez, poivrez et enfournez pour 20 minutes dans le four chaud, jusqu'à ce que le dessus soit doré.

Servez chaud.

RESTES

Vous pouvez déguster les restes de ce gratin froids avec du pain. Ce plat étant préparé avec de l'huile d'olive, évitez de le congeler. Les saveurs seront encore meilleures si vous leur laissez le temps de se mêler les unes aux autres.

Parmigiana di zucchini

GRATIN DE COURGETTES À LA TOMATE ET AU TALEGGIO

Voici une variante du célèbre *parmigiana melanzane*, gratin d'aubergines avec de la tomate et de la mozzarella. En remplaçant la mozzarella par du *taleggio* et l'aubergine par de la courgette, vous obtenez un plat un peu plus léger mais tout aussi succulent !

POUR 6 À 8 PERSONNES • PRÉPARATION : 20 À 25 MIN • CUISSON : 1 H À 1 H 15

Huile d'olive, pour frire
700 g de courgettes de taille moyenne, coupées en tranches de 5 mm d'épaisseur dans le sens de la longueur
400 g de *taleggio* (fromage à pâte molle à base de lait de vache), coupé en dés
100 g de parmesan, fraîchement râpé
Sel et poivre du moulin

SAUCE TOMATE
2 gousses d'ail, pelées et tranchées
6 cuill. à soupe d'huile d'olive
800 g de tomates en conserve
10 feuilles de basilic

PÂTE
100 g de farine ordinaire
4 œufs, battus
Noix de muscade fraîchement râpée

Pour préparer la sauce tomate, faites ramollir l'ail 5 minutes environ dans l'huile d'olive chaude. Ajoutez les tomates et le basilic, salez et poivrez à votre convenance et laissez mijoter de 20 à 30 minutes à feu doux.

Pour préparer la pâte, versez la farine dans un saladier, formez un puits au centre et versez-y les œufs battus. Assaisonnez d'un peu de noix de muscade, salez et poivrez, puis mélangez bien pour obtenir une pâte assez épaisse.

Dans une poêle, faites chauffer un peu d'huile d'olive à feu doux. Plongez les tranches de courgette dans la pâte, puis faites-les frire en plusieurs fois 3 ou 4 minutes de chaque côté dans l'huile chaude, jusqu'à ce qu'elles soient dorées. Égouttez sur du papier absorbant et réservez.

Pour composer le gratin, tapissez le fond d'un plat allant au four d'une couche de tranches de courgettes, arrosez d'un peu de sauce tomate et parsemez de fromage. Alternez les couches en terminant par de la sauce tomate et du parmesan. Enfournez pour 30 minutes. Laissez refroidir avant de couper en parts et de servir.

Dolci

DESSERTS

Les Italiens ne sont pas réputés pour leurs desserts à la crème (excepté la crème glacée, bien sûr !), préférant souvent terminer le repas par un fruit de saison bien mûr.

Le nombre et la diversité des desserts aux fruits de ce chapitre illustrent ce propos, mais vous y trouverez aussi des desserts cuits au four typiquement italiens. On les prépare souvent pour des occasions particulières, telles que Noël, Pâques, anniversaires ou fêtes – comme la *pastiera di grano*, un gâteau de Pâques, tarte de Campanie à base de grains de blé complet associés à de la ricotta et de l'écorce d'orange confite. Je vous propose également une tarte toute simple à la ricotta. Certaines recettes sont très traditionnelles, d'autres moins et le dessert qui marie la mangue au citron vert est même très moderne. Régalez-vous !

Pere al vino rosso

POIRES WILLIAMS À LA SAUCE AU VIN ROUGE

Voici une recette d'automne à base de poires mûres et de vin rouge. Ce dessert simple est très italien et regorge de saveur.

POUR 6 PERSONNES • PRÉPARATION : 10 MIN • CUISSON : 50 MIN À 1 H

6 poires Williams mûres
40 cl de vin rouge
Le zeste de 1 citron, coupé en morceaux
150 g de sucre en poudre
Crème fraîche épaisse fouettée (facultatif), en accompagnement

Préchauffez le four à 200 °C (th. 6-7).

Lavez les poires et placez-les verticalement et bien serrées dans un plat allant au four de taille adéquate, en évitant de laisser trop d'espace entre elles.

Enfournez pour 30 à 40 minutes.

Sortez les poires du four et arrosez-les de vin. Parsemez du zeste de citron et de la plupart du sucre, en en réservant un peu pour la suite. Enfournez pour 20 minutes encore, le temps que le vin réduise et épaississe.

Placez les poires dans un saladier en verre, arrosez du sirop de vin rouge et mettez au réfrigérateur.

Répartissez les poires dans 6 assiettes et servez-les saupoudrées de sucre avec le sirop et éventuellement de la crème fraîche battue.

Mango con sciroppo di limo

MANGUE AU SIROP DE CITRON VERT

Une recette extrêmement simple et rafraîchissante. La meilleure des mangues est la variété indienne Alfonso, mais vous pouvez aussi réussir ce dessert avec toute autre variété de mangue.

POUR 4 PERSONNES • PRÉPARATION : 10 MIN • CUISSON : 10 MIN

2 grosses mangues mûres
4 petits brins de menthe

SIROP DE CITRON VERT
3 citrons verts
100 g de sucre en poudre

Pelez les mangues dans le sens de la longueur du fruit. Coupez chaque mangue en deux et ôtez le noyau. Réservez les quatre morceaux sur une grande assiette.

Pour préparer le sirop, commencez par prélever le zeste des citrons en éliminant toutes les peaux blanches. Tranchez ce zeste en fines bandes. Pressez le jus des citrons dans une petite casserole et ajoutez le sucre. Faites chauffer à feu doux jusqu'à ce qu'il fonde, puis portez à ébullition pour réduire le liquide de moitié. Ajoutez le zeste et poursuivez la cuisson à feu doux quelques minutes, jusqu'à ce que le mélange caramélise. Laissez refroidir.

Arrosez les moitiés de mangue du sirop de citron vert refroidi et décorez de brins de menthe.

Zabaione con sugo di cioccolato amaro

SABAYON À LA SAUCE AU CHOCOLAT AMER

Cet étonnant dessert facile à préparer est tout aussi délicieux chaud que froid. Vous pouvez le déguster tout seul, l'accompagner de biscuits de polenta (voir page 169), l'utiliser pour fourrer des beignets de pâte à choux ou le transformer en glace.

POUR 6 PERSONNES • PRÉPARATION : 10 MIN • CUISSON : 10 À 15 MIN

6 jaunes d'œuf bio
120 g de sucre en poudre
17 cl de vin à dessert (*moscato passito di pantelleria*, *marsala* ou *madeira*)

SAUCE AU CHOCOLAT
200 g de chocolat amer, cassé en morceaux
10 cl de crème fraîche épaisse

Réunissez les jaunes d'œuf et le sucre dans un récipient résistant à la chaleur (de préférence en cuivre et rond) et battez-les au fouet quelques minutes jusqu'à obtention d'une mousse lisse. Ajoutez le vin à dessert et mélangez bien.

Faites bouillir de l'eau dans une casserole pouvant contenir le récipient ci-dessus, sans que le fond touche l'eau. Placez le récipient dans la casserole et battez sans arrêt au-dessus de l'eau frémissante, jusqu'à ce que le mélange commence à épaissir.

Répartissez le mélange dans 6 verres et mettez au réfrigérateur.

De la même manière – dans un récipient placé au-dessus d'une casserole d'eau chaude, le fond ne touchant pas l'eau – faites fondre doucement le chocolat. Ajoutez la crème et remuez bien jusqu'à obtention d'une sauce lisse.

Arrosez le sabayon de sauce. Dégustez immédiatement ou mettez au réfrigérateur avant de servir.

VARIANTE PLUS ORIGINALE

Pour transformer le sabayon en glace, incorporez au mélange 25 cl de crème fraîche épaisse battue. Une fois cuit et refroidi, versez-le dans une sorbetière et congelez. Vous pouvez aussi le transférer dans un récipient creux et le congeler pendant 1 heure, jusqu'à ce qu'il commence à se solidifier. Battez bien à la fourchette, puis remettez au congélateur. Répétez l'opération trois fois, puis congelez jusqu'à ce que la glace soit dure.

Tiramisu

TIRAMISU

Le tiramisu est maintenant si connu qu'on en trouve vraiment partout. Voici une version classique imaginée il y a 30 ans, facile et rapide à réaliser, simple et délicieuse. Essayez et vous découvrirez avec étonnement vos talents cachés de cuisinier !

POUR 4 TIRAMISU INDIVIDUELS • PRÉPARATION : 20 MIN
• RÉFRIGÉRATION : 1 H AU MOINS

2 jaunes d'œuf
100 g de sucre en poudre
Quelques gouttes d'essence de vanille
400 g de mascarpone
8 cl de crème fluide
Un peu de lait, au besoin
40 cl d'espresso fort
4 cuill. à soupe de liqueur de café (Kahlua ou Tia Maria)
18 biscuits à la cuillère
Cacao en poudre amer, pour saupoudrer

Dans un petit saladier, battez les jaunes d'œuf, 80 g de sucre en poudre et l'essence de vanille. Dans un autre saladier plus grand, mélangez le mascarpone avec la crème, puis ajoutez la préparation à base d'œuf. Si le mélange est trop épais, ajoutez quelques gouttes de lait.

Mélangez le café, la liqueur de café et le reste de sucre en poudre dans un troisième saladier. Trempez-y brièvement les biscuits (évitez qu'ils absorbent trop de liquide) et tapissez 4 ramequins individuels avec, en les coupant en deux si besoin. Alternez une couche du mélange de mascarpone et une couche de biscuits en terminant par du mascarpone et en remplissant les ramequins jusqu'en haut. Saupoudrez le dessus d'un peu de cacao en poudre et mettez au réfrigérateur jusqu'au moment de servir.

Torta di ricotta

TARTE À LA RICOTTA

Les Italiens adorent la ricotta – sous-produit du processus de fabrication du fromage – et l'utilisent pour préparer des plats délicieusement sucrés. Sachez surtout que la ricotta doit toujours être très fraîche : si elle est ne serait-ce qu'un tout petit peu aigre, elle n'est alors plus bonne.

POUR 6 À 8 PERSONNES • PRÉPARATION : 25 À 30 MIN • CUISSON : 30 MIN

50 g de beurre
4 feuilles de pâte filo ou feuilles de brick

GARNITURE
500 g de ricotta bien fraîche
120 g de sucre en poudre
5 œufs, blancs et jaunes séparés
150 g de zeste de citron et d'orange coupé en petits dés
Le zeste finement râpé de 1 citron
50 g de chocolat amer, coupé en petits morceaux

Préchauffez le four à 180 °C (th. 6). Graissez l'intérieur d'un moule à manqué de 25 cm de diamètre avec un peu de beurre et faites fondre le reste de beurre dans une petite casserole à feu doux.

Badigeonnez les feuilles de pâte filo de beurre fondu. Prenez-en 3 et garnissez-en le moule.

Versez la ricotta dans un saladier et écrasez-la un peu à la fourchette pour « l'aérer ». Ajoutez 100 g de sucre et les jaunes d'œuf, puis les dés de zeste de citron et d'orange, le zeste râpé et le chocolat. Mélangez bien le tout.

Dans un autre saladier, battez les blancs d'œuf en neige ferme, puis ajoutez le reste de sucre. Incorporez-les délicatement au mélange de ricotta avec une grande cuillère en métal, en veillant à ne pas « casser » les blancs en neige.

Tartinez le fond de pâte de ce mélange. Avec des ciseaux, découpez des rubans dans la dernière feuille de pâte filo beurrée et décorez-en la tarte.

Faites cuire 30 minutes dans le four chaud et laissez refroidir avant de servir.

Torta di nocciole

GÂTEAU AUX NOISETTES

La noisette au goût le plus intense est la *tonda gentile delle Langhe*, noisette originaire des Langhe, dans le Piémont. Pour rehausser encore plus la saveur des noisettes, faites-les griller légèrement.

POUR 8 PERSONNES • PRÉPARATION : 30 MIN • CUISSON : 30 À 35 MIN

100 g de beurre doux
150 g de noisettes du Piémont, décortiquées
125 g de sucre en poudre
4 gros œufs, blancs et jaunes séparés
30 g de farine ordinaire
300 g de ricotta fraîche
1 cuill. à soupe de zeste de citron râpé finement
200 g de confiture d'abricot, légèrement diluée avec de l'eau
30 g de chocolat noir amer, râpé

Préchauffez le four à 200 °C (th. 6-7). Graissez un moule à manqué de 25 cm de diamètre avec un peu de beurre.

Faites dorer les noisettes quelques minutes sur la plaque du four chaude. Laissez-les refroidir et concassez-les en petits morceaux.

Faites ramollir le reste de beurre et battez-le au fouet avec 70 g de sucre dans un grand saladier. Ajoutez les jaunes d'œuf et continuez à battre jusqu'à obtention d'une pâte lisse, puis ajoutez la farine et mélangez bien.

Dans un autre saladier, écrasez la ricotta à la fourchette pour la rendre plus lisse. Ajoutez les noisettes concassées refroidies et le zeste de citron râpé.

Battez les blancs d'œuf en neige ferme dans un autre saladier, ajoutez le reste de sucre et continuez à battre jusqu'à ce que tout soit bien mélangé. Incorporez délicatement le mélange de jaunes d'œuf aux blancs en neige avec une grande cuillère en métal, jusqu'à obtention d'une pâte homogène, en veillant à garder les blancs aussi légers que possible.

Versez le mélange dans le moule et faites cuire 30 minutes dans le four chaud. Sortez le gâteau du four et laissez-le refroidir dans le moule.

Une fois refroidi, démoulez le gâteau sur un plat à tarte. Tartinez le dessus de confiture et saupoudrez de chocolat râpé avant de servir.

Biscotti di polenta

BISCUITS DE POLENTA

J'adore la polenta sous toutes ses formes. Dans le Piémont, où j'ai passé ma jeunesse, les biscuits de polenta sont nombreux mais aucun n'est aussi croquant que celui que je prépare avec la polenta *svelta*, polenta rapide. Ces biscuits se marient à merveille avec une salade de fruits frais. Vous pouvez aussi les déguster trempés dans du sabayon.

POUR 50 BISCUITS ENVIRON • PRÉPARATION : 10 À 15 MIN • CUISSON : 15 MIN

200 g de beurre doux, ramolli
200 g de sucre cristallisé
300 g de polenta rapide
100 g de farine ordinaire
½ cuill. à café de levure chimique
4 œufs, battus
Le zeste de 1 citron finement râpé

Préchauffez le four à 200 °C (th. 6-7).

Réunissez tous les ingrédients dans un grand saladier et mélangez bien. Remplissez une poche à douille du mélange et déposez-en sur une plaque à pâtisserie graissée en dessinant des petits ronds ou des S. Laissez suffisamment d'espace entre les formes car les biscuits s'étaleront en cuisant.

Laissez cuire 15 minutes dans le four chaud, jusqu'à ce que les biscuits soient dorés.

Laissez refroidir sur une grille métallique et gardez dans un récipient hermétique.

Fruttini

PÂTES DE FRUITS

Une boîte de pâtes de fruits achetée en France à Noël m'a inspiré cette recette. Vous pouvez préparer ces pâtes de fruits avec de la confiture maison ou achetée dans le commerce et les déguster avec le café ou au goûter.

POUR 120 PÂTES DE FRUITS • PRÉPARATION : 15 À 20 MIN • CUISSON : 5 À 10 MIN

1 kg de confiture au choix
Le jus de ½ citron
Un petit peu d'huile végétale
Sucre en poudre, pour saupoudrer

Réunissez la confiture et le jus de citron dans une casserole et remuez à feu moyen, jusqu'à ce que la confiture ait ramolli et que le mélange ressemble à une pâte collante.

Graissez légèrement un petit plat en céramique avec de l'huile, versez-y le mélange et laissez refroidir. Coupez la pâte obtenue en petits dés et formez des boules de la taille d'une noix. Saupoudrez de sucre avant de déposer dans des caissettes en papier.

INDEX DES INGRÉDIENTS

Un merci particulier à Alastair Hendy pour ses impressionnantes photographies, Anna Louise Naylor-Leyland et Martha Wailes pour la rédaction du texte, Susan Fleming pour ses corrections, Rebecca Hetherston pour le test des recettes, et à mon agent Pat White, mon éditeur Quadrille et tous ceux qui ont rendu ce livre possible : Alison Cathie, Jane O'Shea, Claire Peters, Simon Davis et Marina Asenjo.